검정고시
합격대비

한양학원
수험서

최신
개정판

빠른 합격의 시작!

기초부터 차근차근 시작할 수 있는 교재
기초가 없어 시작을 망설이는 수험생을 위한 교재

편집부 저

기초굳히기

이타임라이프

CONTENTS

기초굳히기

1 문학

1. 시

1) 시 : 마음 속에 떠오르는 생각이나 감정을 운율이 있는 언어로 압축하여 표현한 운문 문학

2) 시어의 특성

① 음악성(운율) : 시어는 운율이 있는 언어로 표현되므로 말의 가락(리듬)을 느낄 수 있다.

② 회화성(심상) : 시어는 빛깔, 모양, 소리, 냄새, 맛, 촉감을 생생하게 나타냄으로써 독자의 마음 속에 구체적인 이미지를 떠오르게 한다.

③ 함축성(의미) : 시어는 일상 언어를 짧고 간결하게 표현하므로 상징적·함축적 의미를 지닌다.

3) 시의 갈래

① 정형시 : 형식이 일정하게 굳어진 시(시조)

② 자유시 : 특정한 형식에 얽매이지 않고 자유롭게 쓴 시(현대시)

③ 산문시 : 행의 구분 없이 산문처럼 쓴 시(운율감이 가장 약한 시)

4) 시의 운율

① 내재율 : 일정한 규칙 없이 시의 내면에서 은근히 느껴지는 운율

② 외형률 : 일정한 규칙을 통해 시의 표면에 드러나는 운율

5) 시의 심상

① 시각적 심상 : 빛깔, 모양 등의 눈으로 보는 듯한 느낌

(새빨간 입술, 하얀 손가락, 연붉은 그 손톱 등)

② 청각적 심상 : 귀로 소리를 듣는 듯한 느낌

(철썩 철썩, 졸졸졸, 은은한 종소리, 네 목소리 등)

③ 후각적 심상 : 코로 냄새를 맡는 듯한 느낌

(밥 짓는 냄새, 향그러운 꽃지짐 등)

④ 촉각적 심상 : 피부에 닿는 듯한 느낌

(서늘한 산그늘, 따뜻한 이마, 스산한 찬바람 등)

⑤ 미각적 심상 : 혀로 맛보는 듯한 느낌

　(달달한 음식, 메마른 입술이 쓰디쓰다, 맵고 지린 추억 등)

⑥ 공감각적 심상 : 하나의 감각을 다른 감각으로 옮기어 표현하는 심상

　(푸른 휘파람 소리, 은빛 비린내 등)

6) 시의 표현 방법

① 비유 : 표현하고자 하는 대상(원관념)을 다른 사물(보조관념)에 빗대어 표현하여 구체적인 느낌을 가지게 하는 방법

　㉠ 직유법 : '~처럼, ~같이, ~인 양' 등의 연결어를 써서 두 사물의 유사성을 직접 빗대어 표현하는 방법

　　예 내 <u>누님같이</u> 생긴 꽃이여

　㉡ 은유법 : 'A는 B이다'와 같은 형식으로 두 사물의 유사성을 연결어 없이 간접적으로 빗대어 표현하는 방법

　　예 <u>오월</u>은 <u>계절의 여왕</u>이다.

　㉢ 의인법 : 사람이 아닌 사물을 사람처럼 표현하는 방법

　　예 돌담에 <u>속삭이는</u> 햇발

　㉣ 대유법 : 어떤 대상의 부분, 속성, 특징 등을 통해 전체를 대신하는 표현 방법

　　예 사람은 빵만으로 살 수 없다. → '빵'이 음식 전체를 나타냄

　㉤ 풍유법 : 속담이나 격언 등에 빗대어 풍자적으로 비유하는 표현 방법

　　예 하늘이 무너져도 솟아날 구멍은 있다.

　㉥ 의성법 : 사물의 소리를 본뜬 말을 사용하여 비유하는 방법

　　예 고향 그리워 피-ㄹ 닐니리.

　㉦ 의태법 : 사물의 모양을 본뜬 말을 사용하여 비유하는 방법

　　예 즐거워서 팔랑팔랑 걸었습니다.

② 강조

　㉠ 과장법 : 어떤 사물을 사실보다 지나치게 크게 또는 작게 표현하여 문장의 효과를 높이려는 표현 방법

　　예 집채만 한 파도 / 간이 콩알만 해지다.

　㉡ 반복법 : 같거나 비슷한 어구를 되풀이하는 표현 방법

　　예 해야, 고운 해야, 해야 솟아라.

　　ⓒ 대조법 : 서로 상반되는 사물을 함께 내세우는 표현 방법

　　　　예 인생은 짧고, 예술은 길다.

　　ⓔ 열거법 : 서로 비슷하거나 같은 계열의 말들을 나열하는 방법

　　　　예 과일에는 사과, 배, 귤, 유자, 감 등이 있다.

　　ⓜ 점층법 : 약한 것에서 강한 것으로, 작은 것에서 큰 것으로와 같이 점점 크게 표현하는 방법

　　　　예 나의 눈을 씻고, 머리를 씻고, 가슴을 씻고, 다음에 나의 마음의 모든 구석구석을 하나 하나 씻어 낸다.

　　ⓗ 영탄법 : 감탄사를 사용해 감정을 표현하는 방법

　　　　예 아! 참으로 맑은 세상 저기 있으니.

　③ 변화

　　㉠ 설의법 : 쉽게 단정을 내릴 수 있는 것을 다시 의문의 형식으로 하여 독자에게 스스로 판 단케 하는 표현 방법

　　　　예 어머니 당신은 그 먼 나라를 알으십니까?

　　ⓛ 대구법 : 한 구절과 성질이나 종류가 같거나 같은 글자 수의 구절을 짝지어 나가며 문장 을 이루는 표현 방법

　　　　예 범은 죽어서 가죽을 남기고, 사람은 죽어서 이름을 남긴다.

　　ⓒ 도치법 : 어떠한 뜻을 강조하기 위해 말의 차례를 뒤바꾸어 쓰는 표현 방법

　　　　예 나는 아직 기다리고 있을 테요, 찬란한 슬픔의 봄을

　　ⓔ 반어법 : 겉으로 나타난 말과 실질적인 의미 사이에 상반 관계가 있는 표현 방법

　　　　예 먼 훗날 당신이 나를 찾으시면 그 때에 내 말이 잊었노라.

　　ⓜ 역설법 : 겉으로 보기에는 이치에 어긋나거나 모순되어 보이지만 그 속에 깊은 진실을 담 는 표현 방법

　　　　예 임은 갔지만, 나는 임을 보내지 아니하였습니다.

　④ 상징 : 대상이 별개의 대상을 표시하거나 원래의 의미 이외에 더 넓은 의미를 지니도록 하는 표현 방법

　　　예 비둘기 → 평화 / 월계관 → 승리 / 매화 → 지조, 절개

7) 시적 화자 : 시 작품에서 시인을 대신하여 말하는 목소리의 주인공, 즉 시인의 정서, 사상을 대 표하는 인물(시적 자아, 서정적 자아, 시의 말하는 이)

8) **시적 허용** : 시에서 구사하는 어휘는 문법적 측면에서 허용되지 않는 표현도 자유로이 사용된다.

예 모든 순간이 다아 꽃봉오리인 것을!

진달래꽃

_ 김소월

나 보기가 역겨워

가실 때에는

말없이 고이 보내 드리오리다.

영변에 약산

진달래꽃

아름 따다 가실 길에 뿌리오리다.

가시는 걸음 걸음

놓인 그 꽃을

사뿐히 즈려밟고 가시옵소서.

나 보기가 역겨워

가실 때에는

죽어도 아니 눈물 흘리오리다.

---

2. 소설

1) **소설** : 현실에서 있음 직한 일을 작가가 상상하여 꾸며 쓴 산문 문학

2) **소설의 성격**

① 허구성 : 현실을 바탕으로 작가가 꾸며 낸 이야기

② 진실성 : 인간과 삶의 진실을 다룸

③ 산문성 : 운율이 없는 줄글 형식으로 쓴 글

④ 개연성 : 현실에 있을 법한 이야기를 다룸

⑤ 서사성 : 사건의 내용을 시간의 흐름에 따라 전개함

3) 소설의 구성 단계

발단	전개	위기	절정	결말
인물과 배경이 소개되고, 사건의 실마리가 드러난다.	인물 간의 갈등과 대립이 시작된다.	갈등이 깊어지며, 새로운 사건이 발생한다.	갈등이 최고조에 이르고, 주제가 드러난다.	갈등이 해결되고, 주인공의 운명이 결정된다.

4) 소설의 시점

1인칭 시점	1인칭 주인공 시점	· 나=주인공=서술자 · 주인공인 '나'가 자신의 이야기를 하는 방식
	1인칭 관찰자 시점	· 나=관찰자=서술자 · 보조 인물인 '나'가 주인공을 관찰하는 입장에서 이야기를 하는 방식
3인칭 시점	3인칭 관찰자 시점	· 서술자=관찰자 · 작가가 관찰자의 입장에서 인물의 말과 행동을 관찰하여 이야기하는 방식
	전지적 작가 시점	· 서술자=신적인 존재 · 작가가 신의 입장에서 인물의 말과 행동은 물론 심리 변화까지도 파악하는 방식

5) 갈등 : 인물의 심리나 인물 간에 어떤 정서나 의견이 서로 얽히어 있는 것으로, 사건 전개에 긴장감을 더해 주고 필연성을 부여함

내적 갈등	한 인물의 마음속에서 반대되는 두 가지 이상의 욕구가 동시에 일어나서 생기는 갈등	
외적 갈등	개인과 개인	인물과 인물 사이에서 성격과 가치관의 대립으로 발생함.
	개인과 사회	한 인물의 사회의 제도나 윤리에 의해 겪게 됨.
	개인과 자연	자연 재해를 겪거나, 거대한 자연에 도전함.
	개인과 운명	한 인물이 자신에게 주어진 운명을 통해 겪게 됨.

소음공해

_ 오정희

　위층의 소리는 멈추지 않았다. 드르륵거리는 소리에 머리털이 진저리를 치며 곤두서는 것 같았다. 철없고 상식 없는 요즈음 젊은 엄마들이 아이들에게 집 안에서 자전거나 스케이트보드 따위를 타게도 한다는데, 아무래도 그런 것 같았다. 인터폰의 수화기를 들자, 경비원의 응답이 들렸다. 내 목소리를 알아채자마자 길게 말꼬리를 늘이며 지레 짚었다. 귀찮고 성가셔하는 표정이 눈앞에 역력히 떠올랐다.

　"위층이 또 시끄럽습니까? 조용히 해 달라고 말씀드릴까요?"

　잠시 후 인터폰이 울렸다.

　"충분히 주의하고 있으니 염려 마시랍니다."

　경비원의 전갈이었다. 염려 마시라고? 다분히 도전적인 저의가 느껴지는 말이었다. 게다가 드르륵드르륵 소리는 여전하지 않은가? 이제는 한판 싸워 보자는 이야기인가? 나는 인터폰을 들어 다짜고짜 909호를 바꿔 달라고 말했다. 신호음이 서너 차례 울린 후에야 신경질적인 젊은 여자의 응답이 들렸다.

　"아래층인데요. 댁이 그런 식으로 말할 건 없잖아요? 나도 참을 만큼 참았다고요. 공동 주택에는 지켜야 할 규칙들이 있잖아요? 난 그 소리 때문에 병이 날 지경이에요."

　"여보세요. 난 날아다니는 나비나 파리가 아니에요. 내 집에서 마음대로 움직이지도 못하나요? 해도 너무하시네요. 이틀거리로 전화를 해 대시니 저도 피가 마르는 것 같아요. 저더러 어쩌라는 거예요?"

　"하여튼 아래층 사람 고통도 생각하시고 주의해 주세요."

　나는 거칠게 수화기를 내려놓았다. "뻔뻔스럽기는. 이제는 순 배짱이잖아?" 소리 내어 욕설을 퍼부어도 화가 가라앉지 않았다. 그렇다고 언제까지 경비원을 사이에 두고 '하랍신다.', '하신다더라.'하며 신경전을 펼 수도 없는 일이었다. 화가 날수록 침착하고 부드럽게 처신해야 한다는 것은 나이가 가르친 지혜였다. 지난 겨울 선물로 받은, 아직 쓰지 않은 실내용 슬리퍼에 생각이 미친 것은 스스로도 신통했다. 선물도 무기가 되는 법. 발소리를 죽이는 푹신한 슬리퍼를 선물함으로써 소리를 죽이라는 메시지와 함께 소리 때문에 고통 받는 내 심정을 간접적으로 나타낼 수 있으리라. 사려 깊고 양식 있는 이웃으로서 공동생활의 규범에 대해 조근조근 타이르리라.

　위층으로 올라가 벨을 눌렀다. 안쪽에서 "누구세요?" 묻는 소리가 들리고도 십 분 가까이 지나 문이 열렸다. '이웃사촌이라는데 아직 인사도 없이……' 등등 준비했던 인사말과 함께 포장한 슬리퍼를 내밀려던 나는 첫마디를 뗄 겨를도 없이 우두망찰했다. 좁은 현관을 꽉 채우며 휠체어에 앉은 젊은 여자가 달갑잖은 표정으로 나를 올려다보았다.

"안 그래도 바퀴를 갈아 볼 작정이었어요. 소리가 좀 덜 나는 것으로요. 어쨌든 죄송해요. 도와주는 아줌마가 지금 안 계셔서 차 대접할 형편도 안 되네요."

여자의 텅 빈, 허전한 하반신을 덮은 화사한 빛깔의 담요와 휠체어에서 황급히 시선을 떼며 나는 할 말을 잃은 채 부끄러움으로 얼굴만 붉히며 슬리퍼 든 손을 등 뒤로 감추었다.

3. 고전 시가(고려 가요, 시조)

1) 고려 가요

① 정의 : 고려 시대에 주로 서민들이 부르던 노래로 구전되다가 훈민정음 창제 이후 문자로 정착되었다.

② 특징 : 표현이 소박하며 진솔하다. (평민 문학)

③ 형식

 ㉠ 분절체

 ㉡ 후렴구 발달

 ㉢ 3음보 3·3·2조 혹은 3·4(4·4)조

가시리

가시리 가시리잇고 나는
버리고 가시리잇고 나는
위 증즐가 대평성대

---

2) 시조

① 정의 : 고려 중엽에 형성되어 현재까지도 창작되고 있는 우리 민족 고유의 정형시

② 형식

 ㉠ 3장 6구 45자 내외(기본적인 평시조의 형식)

 ㉡ 한 행은 4음보 3·4조(4·4조)의 음수율

 ㉢ 종장의 첫 음보는 반드시 3음절이어야 함.

③ 시조의 종류

ㄱ 길이에 따라

· 단시조 : 한 수로만 이루어진 시조

· 연시조 : 하나의 제목에 두 수 이상의 평시조가 모여서 이루어진 시조

ㄴ 형식에 따라

· 평시조 : 3장 6구 45자 내외의 기본 형식으로 된 시조

· 사설시조 : 평시조보다 2구 이상 더 긴 시조. 조선 중기 이후 평민에 의해 많이 지어짐

하여가(何如歌)

_ 이방원

이런들 어떠하며 저런들 어떠하료
만수산(萬壽山) 드렁칡이 얽어진들 어떠하리
우리도 이같이 얽어져 백 년까지 누리리라

---

4. 고전 소설

1) 고전 소설 : 일반적으로 현대 소설과 구분하여 갑오개혁(1894년) 이전에 창작된 소설

2) 고전 소설의 특성

① 주제 : 권선징악

② 문체 : 문어체

③ 구성 : 시간 순서에 따른 구성

④ 내용 : 비현실적

⑤ 인물 : 평면적, 전형적 인물

⑥ 사건 : 우연적, 비현실적

⑦ 시점 : 전지적 작가 시점

⑧ 결말 : 주인공이 행복한 결말

홍길동전

_ 허균

세월은 물같이 흘렀다. 길동은 열 살이 넘도록 아버지를 아버지라 부르지 못하고 형을 형이라 하지 못하는 처지였다. 그러니 집안의 종들마저 손가락질하며 수군거리기 일쑤였다.

그해 구월 보름 무렵이었다. 달빛이 처량하고 가을바람은 소슬하여 마음이 더욱 울적하였다. 방에서 글을 읽던 길동은 문득 책상을 밀치고 긴 한숨을 쉬었다.

"사내가 공자와 맹자를 본받지 못할 바에야 차라리 병법이라도 익혀 장수라도 되어야겠다. 천군만마를 호령하며 나라 밖에 나가 동서를 정벌하고 큰 공을 세우면 얼마나 통쾌하랴! 그리하여 위로는 한 임금을 섬기고 아래로는 만백성의 으뜸이 되어 이름을 후세에 전하는 것이 마땅하다. 옛사람도 '왕후장상의 씨가 따로 없다.'고 하지 않았는가? 슬프다. 세상 사람이 다 아비와 형이 있어 스스럼없이 부르거늘 나는 왜 그렇게 하지 못하는가?"

길동은 답답하고 원통한 마음에 칼을 들고 뜰로 나갔다. 그리고 휘영청 밝은 달빛 아래 검술을 익히며 갑갑한 마음을 달랬다. 그때 홍 판서가 호젓이 뜰을 거닐며 밝은 달을 바라보다 길동을 알아보고 불렀다. 길동이 칼을 버리고 나아가 허리를 숙이니 홍 판서가 물었다.

"밤이 깊었는데 어찌 잠을 자지 않느냐?"

길동이 공손히 손을 모으고 대답하였다.

"달이 하도 밝아 달빛을 즐기고 있었나이다."

"호오? 너에게 그런 흥이 있었단 말이냐?"

"하늘이 세상 만물을 내시었으되 그중 제일 귀한 것이 사람이라 하였습니다. 소인도 그런 복을 받고 태어났지만 아직도 떳떳이 하늘을 우러러보지 못하겠습니다."

열 살밖에 안 된 아이가 평생을 다 산 것 같은 말을 하니 홍 판서는 어이가 없었다.

"그 무슨 말이냐?"

길동의 얼굴이 이내 붉어졌다.

"소인이 대감의 정기를 받아 태어났으니 어찌 낳고 길러 주신 부모님의 은혜를 잊겠습니까? 하오나 소인이 서러워하는 것은…… 서러워하는 것은…… 아버지를 아버지라 부르지 못하고 형을 형이라 못 하오니 이 어찌 사람이라 하오리까?"

어느새 길동의 목이 메었다. 홍 판서가 그 말을 들으니 불쌍한 생각이 들었다. 그러나 만일 그 마음을 달래 주면 제멋대로 될까 염려하여 일부러 크게 꾸짖었다.

"양반 집안에 첩이나 종의 자식이 너뿐만이 아니거늘, 조그만 아이가 어찌 이리도 방자하냐? 앞으로 또 그런 말을 하면 다시는 너를 보지 않으리라!"

5. 수필

1) **수필** : 일상 생활 속에서 얻은 생각과 느낌을 일정한 형식에 얽매이지 않고 붓 가는 대로 자유 롭게 쓴 글

2) **수필의 특징**

① 개성적인 글이다.

· 글쓴이의 경험, 생각, 문체 등에서 개성이 잘 드러남

② 비전문적인 글이다.

· 전문성이 필요하지 않는, 누구나 쓸 수 있는 대중적인 글

③ 형식이 자유롭다.

· 일정한 형식의 제약 없이 자유롭게 씀 → 무형식의 형식

④ 소재가 다양하다.

· 일상 생활에서 보고, 듣고, 느낀 모든 것이 소재가 됨

3) **수필과 소설의 차이점**

	수필	소설
특성	사실적	허구적
인물	나 = 글쓴이(작가 자신)	나 = 상상의 인물
특징	글쓴이의 인생관이나 생각이 그대로 드러남	글쓴이의 인생관이나 생각이 숨어 있음

도편수의 긍지

_ 이범선

　나의 고향 집은 지은 지가 근 7, 80년이나 되는 고가(古家)였다. 어른들의 이야기에 의하면, 그 집은 그 당시에 상당히 이름을 떨쳤던 도편수가 지은 집이라고 했다. 바로 그 도편수의 이야기이다. 그 집을 짓고 8년째 되는 가을에 어쩌다 우리 집 부근을 다시 지나게 된 그 도편수가 사랑방을 찾아 들어 왔더란다. 그런데 그는 주인과 인사를 나누자마자 곧 두루마기를 벗어던지더니, 추에다 실을 매어 들고 집 모퉁이로 돌아가더라는 것이다. 무엇을 하는가 따라가 보았더니, 어떤가! 그 도편수는 한 눈을 지그시 감고 추가 드리워진 실을 한 손에 높이 쳐들고 서서 집 기둥을 바라보고 있더라는 것이다. 자기가 지은 집 기둥이 8년의 세월에 행여 기울어지지나 않았는가 염려하는 것이었다. 그렇게 기둥을 검사하고 난 도편수는 실을 거두며
　"그럼 그렇지! 끄떡 할 리가 있나?"
라고 하면서 늙은 얼굴에 만족한 웃음을 띠고 기둥을 슬슬 쓸어 보더라는 것이다. 어려서 할아버지한테서 들은 이야기다. 나는 그 도편수의 이야기를 지금도 잊을 수가 없다.
　자기 일에 대한 그 성실성, 그 책임감, 그리고 그 긍지! 부러운 일이라 아니 할 수 없다. 그 시대에는 그렇게 한가하게도 살아갈 수 있었으니까 하고 말하는 이도 있을지 모른다. 그러나 그건 어디까지나 사람의 정신 문제이지 바쁘고 한가한 문제가 아니지 않을까?

6. 기행문
　1) **기행문** : 여행하면서 보고 듣고 느낀 일을 여정이나 시간적 순서에 따라 자신의 생각이나 느낌을 곁들여 기록한 글

　2) **기행문의 구성 요소**
　　① 여정 : 여행한 일정과 경로
　　② 견문 : 여행하면서 보고, 듣고, 경험한 내용
　　③ 감상 : 보고, 듣고, 경험한 것에 대한 글쓴이의 생각이나 느낌

3) 기행문에 써야 할 내용

　① 여행의 방법과 그 일정

　② 여행지에서의 보고, 듣고, 느낀 점

　③ 여행의 느낌(객창감)

　④ 그 지방만의 독특한 지방색

　⑤ 새로 알게 된 사실

7. 전기문

1) **전기문** : 역사상 위대한 업적을 남기거나 사회에 공헌한 인물의 생애와 주요 활동, 작품 세계 등을 사실적으로 기록하여 독자에게 교훈과 감동을 주는 글

2) **전기문의 구성 요소**

　① 인물 : 인물의 생애, 가정환경, 성격

　② 사건 : 인물이 겪은 사건이나 일화, 언행 등

　③ 배경 : 인물이 활동했던 시대적, 사회적 배경

　④ 평가 : 인물에 대한 글쓴이의 견해와 평가

3) **자서전을 읽는 태도**

　① 글쓴이의 삶의 자세를 생각하며 읽는다.

　② 글쓴이가 살던 시대 상황, 사회·문화적 특성을 고려하며 읽는다.

8. 희곡

1) **희곡** : 무대 상연을 전제로 한 연극의 대본

2) **희곡의 특징**

　① 현재화된 인생 표현 : 희곡은 무대 위에서 직접 상연되므로, 현재형으로 표현된다.

　② 시간적·공간적 제약 : 희곡은 무대라는 한정된 공간에서 이루어지며, 공연 시간의 제약을 받는다.

③ 허구의 이야기 : 희곡은 현실을 바탕으로 작가의 상상력에 의해 만들어진 허구의 세계이다.

④ 지시문과 대사로 표현 : 희곡은 서술자 없이, 인물의 행동을 지시하는 지시문과 등장 인물의 대사에 의해 내용이 전달된다.

3) 희곡의 구성 요소

형식적	해설	희곡의 첫머리에서 등장 인물·배경·무대 장치를 설명함
	대사	등장 인물이 하는 말로, 사건 전개의 바탕이 됨 · 대화 : 등장 인물들끼리 주고 받는 말 · 독백 : 상대역 없이 혼자 하는 말 · 방백 : 관객에게는 들리지만 상대역에게는 들리지 않는 것으로 간주하고 하는 말
	지시문	· 무대 지시문 : 무대 장치, 분위기, 등장 인물, 장소, 시간 등을 지시 · 동작 지시문 : 등장 인물의 행동, 표정, 심리, 말투, 등장 및 퇴장 시기 등을 지시
내용적	인물	희곡에 등장하는 사람으로 갈등을 빚어 냄
	사건	인물들이 벌이는 행위, 갈등과 긴장을 불러일으킴
	배경	사건이 일어나는 장소와 시간

9. 시나리오

1) 시나리오 : 영화나 드라마 상영을 목적으로 하는 대본

2) 시나리오의 특징

① 영화나 드라마 상영을 목적으로 한다.

② 촬영을 고려한 특수 용어가 사용된다.

③ 글의 내용이 장면 단위로 구분된다.

④ 시간적·공간적 제약을 받지 않는다.

⑤ 인물 수에 제한을 받지 않는다.

⑥ 인물의 행동과 대사에 의해 사건이 전개된다.

2 비문학

1. 논설문

1) 논설문 : 독자를 설득할 목적으로 자신의 주장이나 의견을 이치에 맞게 논리적으로 쓴 글

2) 논설문의 성격

① 주관성 : 글의 주장은 글쓴이의 주관적인 생각과 의견임.

② 논리성 : 논지의 전개가 이치에 맞게 체계적이고 통일성 있게 구성되어야 함.

③ 명료성 : 글쓴이의 주장이 명확하게 드러나 있어야 함.

④ 정확성 : 글에 사용된 용어는 분명하고 정확해야 함.

⑤ 타당성 : 주장이나 의견에 대한 근거가 객관적이고 이치에 맞아야 함.

3) 논설문의 구성

① 서론 : 글을 쓰게 된 동기, 문제 제기, 주장할 내용 등을 제시함

② 본론 : 서론에서 제기한 논제에 대한 주장과 근거를 제시함

③ 결론 : 글 전체의 내용을 마무리, 본론에서 주장한 내용을 요약하고 강조함

2. 설명문

1) 설명문 : 자신이 알고 있는 지식과 정보를 쉽게 풀이하여 읽는 이를 이해시키고자 하는 글

2) 설명문의 성격

① 객관성 : 글쓴이의 주관적 의견이나 감정을 배제하고 객관적인 입장에서 씀.

② 사실성 : 정확한 지식이나 정보를 사실에 근거하여 전달함.

③ 평이성 : 독자가 알기 쉽고 간결하게 설명함.

④ 체계성 : 일정한 순서를 정해 체계적으로 설명함.

⑤ 실용성 : 어떤 사물, 사실에 대한 지식이나 정보를 전달함.

3) 설명문의 내용 전개

① 과정 : 어떤 결과를 가져오게 하는 변화나 작용을 중심으로 내용을 전개하는 방법

　　　　예 수정과 만들기 : 통계피를 적당하게 부러뜨려 물에 넣고 중불에서 끓인다. 약불로
　　　　　40분 끓인 후 체에 거른다.

② 인과 : 원인과 결과에 따라 내용을 전개하는 방법

　　　　예 공부를 열심히 했더니 시험 성적이 잘 나왔다.

③ 묘사 : 어떤 대상을 구체적으로 그림을 그리듯이 표현하는 방법

　　　　예 붉은 노을은 먼 바다에 젖어 있고 뜰은 이슬을 머금고 있다.

④ 정의 : '무엇은 무엇이다.'라고 말이나 사물의 뜻을 명백히 밝혀 규정하여 설명하는 방법

　　　　예 문학은 언어를 표현 수단으로 하는 예술이다.

⑤ 예시 : 대상에 대해 구체적인 예를 들어 설명하는 방법

　　　　예 봄에 피는 꽃에는 개나리, 진달래, 목련 등이 있다.

⑥ 분석 : 대상을 이루는 구성 요소로 나누어 설명하는 방법

　　　　예 꽃은 꽃잎, 암술, 수술, 꽃받침 등으로 이루어져 있다.

⑦ 분류 : 대상을 일정한 기준에 따라 종류별로 나누거나 묶어서 설명하는 방법

　　　　예 문학은 일반적으로 시, 소설, 수필, 희곡 등으로 나뉜다.

⑧ 비교 : 둘 이상의 대상이 지닌 공통점을 중심으로 설명하는 방법

　　　　예 시와 소설은 모두 문학의 종류에 해당한다.

⑨ 대조 : 둘 이상의 대상이 지닌 차이점을 중심으로 설명하는 방법

　　　　예 시는 운문이지만 소설은 산문이다.

3 문법

1. 국어의 언어적 특징

언어의 특징	뜻	예
사회성	언어는 그 언어를 사용하는 사람들 사이의 사회적 약속이므로 개인이 마음대로 바꿀 수 없다.	'남을 가르치는 분' → '선생님'(사회적 약속) 따라서, 임의로 '학생'이나 '교실' 등으로 바꾸어 부를 수 없다.
역사성	언어는 시간의 흐름에 따라 끊임없이 변화(생성, 발전, 소멸)함	·생성 : 컴퓨터, 게임, 노래방, 햄버거 … ·변화 : 어리다(어리석다 → 나이가 적다) ·소멸 : 지달(말의 발을 묶어 놓는 기구), 어사(특별한 임무를 맡아 지방에 파견되던 관리) …
법칙성	언어에는 일정한 규칙, 즉 문법이 있음	·노란 우산이 예쁘다 (○) / 우산이 노란 예쁘다 (×) → 우리말에서 꾸며 주는 말은 꾸밈을 받는 말 앞에 와야 한다.

2. 음운

1) **음운** : 말의 뜻을 구분해 주는 소리의 가장 작은 단위

    예 '책'은 'ㅊ', 'ㅐ', 'ㄱ'의 세 개의 음운으로 구성되어 있다. 이 중 하나만 다른 것으로 바꾸어도 말의 뜻은 달라진다.

2) **모음** : 소리낼 때, 공기의 흐름이 장애를 받지 않고 순조롭게 나오는 소리(21개)

    ① 단모음 : ㅏ, ㅐ, ㅓ, ㅔ, ㅗ, ㅚ, ㅜ, ㅟ, ㅡ, ㅣ (10개)

    ② 이중 모음 : ㅑ, ㅒ, ㅕ, ㅖ, ㅘ, ㅙ, ㅛ, ㅝ, ㅞ, ㅠ, ㅢ (11개)

3) **자음** : 소리낼 때, 공기의 흐름이 목 안 또는 입 안의 어떤 자리에 장애를 받아 나오는 소리(19개)

자음 분류표

소리의 성질 \ 소리나는 위치		입술소리	혀끝소리	센입천장소리	여린입천장소리	목청소리
안울림소리	예사소리	ㅂ	ㄷ, ㅅ	ㅈ	ㄱ	
	된소리	ㅃ	ㄸ, ㅆ	ㅉ	ㄲ	ㅎ
	거센소리	ㅍ	ㅌ	ㅊ	ㅋ	
울림 소리	콧소리	ㅁ	ㄴ		ㅇ	
	흐름소리		ㄹ			

3. 음절

1) 음절의 형태 : 첫소리 + 가운뎃소리(모음) + 끝소리

① 첫소리(초성) : 음절 첫머리의 자음

② 가운뎃소리(중성) : 음절 가운데의 모음

③ 끝소리(종성) : 음절 끝의 자음

2) 음절의 종류

① 모음 : 예 아, 어, 유

② 자음 + 모음 : 예 자, 카, 히

③ 모음 + 자음 : 예 압, 옥, 일

④ 자음 + 모음 + 자음 : 예 강, 답, 산

4. 낱말 형성법

1) 낱말의 종류

낱말	단일어 : 하나의 어근으로만 이루어진 낱말 예 밤, 고기, 나물, 손	
	복합어 : 둘 이상의 형태소가 결합되어 이루어진 낱말	합성어 : 어근 + 어근 예 밤나무, 물병, 앞뒤, 손발
		파생어 : 접사 + 어근 또는 어근 + 접사 예 햇과일, 풋사과, 바느질, 욕심쟁이

※ 어근 : 낱말의 실질적인 의미를 나타내는 형태소

※ 접사 : 어근에 붙어 그 뜻을 제한하는 형태소

5. 음운의 변동

1) 음절의 끝소리 규칙

우리말에서는 'ㄱ, ㄴ, ㄷ, ㄹ, ㅁ, ㅂ, ㅇ'의 7자음만이 음절의 끝소리로 발음된다. 그 이외의 받침은 이 7자음 중의 하나로 바뀌어 발음됨

예 부엌[부억], 낫[낟], 낮[낟], 밭[받], 꽃[꼳], 숲[숩]

2) 자음 동화

자음과 자음이 만났을 때, 서로 영향을 주고받아 한쪽이나 양쪽 모두 비슷한 소리로 바뀌는 음운의 변동 현상

예 신라[실라], 담력[담녁], 독립[동닙], 급류[금뉴]

3) 구개음화

자음 'ㄷ, ㅌ'이 모음 'ㅣ'나 반모음 'ㅣ'를 만나 구개음 'ㅈ, ㅊ'으로 변하는 현상

예 굳이[구지], 해돋이[해도지], 같이[가치], 붙이다[부치다]

4) 모음동화

앞 음절의 'ㅏ, ㅓ, ㅗ, ㅜ' 모음이 뒤 음절에 전설모음 'ㅣ'가 오면 전설모음 'ㅐ, ㅔ, ㅚ, ㅟ'로 변하는 현상. 단, 표준어로 인정하지 않음.

예 손잡이[손재비], 어미[에미], 아지랑이[아지랭이], 잡히다[재피다], 먹이다[메기다]

　　→ 그러나 변해서 아주 굳어진 것들은 표준어로 인정하기도 한다.

　　　예 냄비, 소금쟁이, 담쟁이덩굴, 풋내기, 서울내기

5) 음운의 축약

두 음운이 합쳐져서 하나의 음운으로 줄어 소리 나는 현상

① 자음 축약 : ㄱ, ㄷ, ㅂ, ㅈ + ㅎ → [ㅋ, ㅌ, ㅍ, ㅊ]

　　예 국화[구콰], 맏형[마텽], 굽히다[구피다], 젖히다[저치다]

② 모음 축약

　　예 오(다) + -아서 → 와서, 두(다) + -어 → 둬, 합치(다) + -어 → 합쳐,
　　　먹이(다) + -어 → 먹여

6) 음운의 탈락

두 음운이 만나면서 한 음운이 사라져 소리 나지 않는 현상

예 솔나무 → 소나무, 목과(木瓜) → 모과

7) 된소리되기

두 개의 안울림소리(무성음)가 만나면 뒷소리가 된소리로 발음된다.

예 입고[입꼬], 앞길[압길 → 압낄], 먹자[먹짜]

8) 사잇소리 현상

① 합성어를 이룰 때 앞 말의 끝소리가 울림소리이고, 뒷말의 첫소리가 안울림 예사소리이면 뒤의 예사소리가 된소리로 변하는 현상

예 밤길[밤낄], 길가[길까], 촛불[초뿔], 시냇가[시내까]

② 합성어를 이룰 때 없던 [ㄴ]소리가 첨가되는 현상

예 이 + 몸(잇몸) [인몸], 코 + 날(콧날) [콘날], 논일[논닐], 물약[물냑 → 물략]

6. 문장의 종결 표현

1) 평서문 : 말하는 이가 듣는 이에게 특별한 의도를 드러내지 않고 평범하게 진술하는 문장 종결 방식

예 더워서 못 견디겠다.

2) 의문문 : 말하는 이가 듣는 이에게 문장의 내용을 질문하여 그 대답을 요구하는 문장 종결 방식

예 너도 지금 떠나겠느냐?

3) 명령문 : 말하는 이가 듣는 이에게 어떤 행동을 하게 하거나, 하지 않도록 요구하는 문장 종결 방식

예 지체 말고 빨리 가 보아라.

4) **청유문** : 말하는 이가 듣는 이에게 어떤 행동을 함께하기를 요청하는 문장 종결 방식

> 예 시간이 늦었으니 빨리 떠나자.

5) **감탄문** : 말하는 이가 듣는 이를 별로 의식하지 않거나 혼잣말처럼 자기의 느낌을 표현하는 문장 종결 방식

> 예 네가 벌써 고등학생이 되는구나.

7. 어휘의 세계 : 일정한 범위 안에 들어 있는 단어들의 집합

1) **고유어** : 우리말에 본디부터 있었거나 우리말에 기초하여 새로 만들어진 말

> 예 말, 글, 생각, 사람, 길, 하늘, 바다

2) **외래어** : 외국에서 들어온 말 중에서 국어처럼 쓰이는 말

> 예 커피, 컴퓨터, 버스, 호텔, 고무

3) **전문어**

① 특정 분야에서 전문적인 개념을 표현하기 위해 사용하는 말

② 의미가 정밀하여 전문적인 작업을 효과적으로 수행하는 데 도움을 줌.

> 예 켈리, 심막, 어레스트

4) **유행어**

① 비교적 짧은 시기에 사람들의 입에 오르내리며 유행하는 말

② 생명이 짧고 쉽게 변하며, 당대의 사회상을 반영하는 경우가 많음.

> 예 훈남, 얼짱, 꽃미남, 엄친아

5) **은어**

① 다른 사람들이 알아듣지 못하도록 집단 구성원들끼리만 비밀스럽게 사용하는 말

② 다른 집단에 대해 무엇을 숨길 목적으로 비밀을 유지하기 위해 사용함.

> 예 겜, 현질, 득템

8. 단어들의 의미 관계 : 단어들이 의미 중심으로 맺고 있는 관계

　　1) 유의 관계 : 의미가 서로 비슷한 단어들의 관계　**예** 가끔 ≒ 이따금

　　2) 반의 관계 : 의미가 서로 짝을 이루어 대립하는 단어들의 관계　**예** 흑색 ↔ 백색

　　3) 상하 관계 : 의미상 한쪽이 다른 쪽을 포함하거나 포함되는 단어들의 관계　**예** 꽃-장미

　　4) 동음이의 관계 : 소리는 같으나 의미가 다른 단어들의 관계

　　　　예 다리 : 사람이나 동물의 몸통 아래 붙어 있으며 걷고 서는 일 등을 하는 신체의 부분

　　　　　　다리 : 건너다닐 수 있도록 만든 시설물

　　5) 다의 관계 : 한 단어에 두 개 이상의 의미가 대응하는 복합적인 의미 관계

　　　　예 타다 : 1. 불씨나 높은 열로 불이 붙어 번지거나 불꽃이 일어나다.

　　　　　　　　　 2. 피부가 햇볕을 오래 쬐어 검은색으로 변하다.

9. 품사 : 단어를 공통된 문법적 성질에 따라 나누어 놓은 갈래

　　1) 분류 기준

　　　　① 의미 : 단어가 갖는 공통적인 의미에 따른 기준

　　　　② 기능 : 문장 속에서 하는 역할에 따른 기준

　　　　③ 형태 : 단어가 문장에서 쓰일 때 형태가 변하느냐 변하지 않느냐에 따른 기준

　　2) 품사의 종류와 특성

　　　　① 체언(體言) : 명사, 대명사, 수사

> ・ 문장에서 주로 주어, 목적어, 보어 등으로 쓰인다.
> ・ 형태가 변하지 않는다.
> ・ 조사와 결합하여 쓰이거나 홀로 쓰인다.

　　　　・ 명사 : 어떤 대상이나 사물의 이름을 나타내는 단어　**예** 학교, 영희, 행복

　　　　・ 대명사 : 사람, 사물, 장소의 이름을 대신하여 가리키는 단어　**예** 저기, 너, 나

· 수사 : 물건의 양이나 순서를 가리키는 단어 **예** 하나, 둘, 삼, 첫째

② 용언(用言) : 동사, 형용사

> · 문장에서 주로 서술어로 쓰인다.
> · 형태가 변하는데 이를 활용(活用)이라고 한다.
> · 기본형이 '-다'로 끝나며, 여러 문장 성분으로 활용된다.

· 동사 : 사람이나 사물의 움직임을 나타내는 단어 **예** 먹다, 자다, 달리다, 뛰다, 노래하다
· 형용사 : 사람이나 사물의 상태나 성질을 나타내는 단어 **예** 작다, 착하다, 아름답다, 둥글다

③ 수식언(修飾言) : 관형사, 부사

> · 문장에서 다른 단어를 꾸며 준다.
> · 형태가 변하지 않는다.
> · 조사와 결합할 수 없다.

· 관형사 : 문장 속에서 '어떠한(어떤)'의 방식으로 명사, 대명사, 수사를 꾸며 주는 단어
　　예 새, 헌, 무슨
· 부사 : 문장 속에서 '어떻게'의 방식으로 주로 동사, 형용사를 꾸며 주는 단어
　　예 꼭, 잘, 매우, 일찍

④ 관계언(關係言) : 조사

> · 문장에 쓰인 단어들의 관계를 나타내는 말이다.
> · 홀로 독립해서 쓰이지 못하고 앞 말에 붙어서 의존적으로 쓰인다.
> · 형태가 고정되어 활용하지 않으며, 단 서술격 조사 '-이다'는 활용한다.

· 조사 : 체언 뒤에 붙어서 다른 말과의 문법적 관계를 나타내 주거나 특별한 뜻을 더해 주는 역할을 하는 말

⑤ 독립언(獨立言) : 감탄사

> · 문장에서 다른 성분에 얽매이지 않고 독립적으로 쓰이는 말이다.
> · 형태가 변하지 않는다.
> · 조사와 결합할 수 없다.

· 감탄사 : 감정을 넣어 말하는 사람의 놀람, 느낌, 부름이나 대답을 나타내는 단어
　　예 앗, 네, 어머나!

10. 문장 성분

1) **주성분** : 문장의 골격을 이루는 필수적 성분

① **서술어** : 주어의 상태, 동작, 성질 따위를 풀이하는 기능을 하는 문장 성분

예 새가 날아간다.

꽃이 예쁘다.

그는 학생이다.

② **주어** : 문장에서 동작 또는 상태나 성질의 주체를 나타내는 문장 성분

예 철수가 집에 간다.

할아버지께서만 그 일을 할 수 있으셔.

③ **목적어** : 서술어의 동작 성분이 되는 문장 성분

예 나는 과일을 좋아해.

④ **보어** : 서술어가 요구하는 필수적인 문장 성분 ('아니다'와 '되다'가 요구하는 성분)

예 그는 학생이 아니다.

어느덧 봄이 되었습니다.

2) **부속 성분** : 주성분의 내용을 꾸며주는 구실의 성분

① **관형어** : 체언(명사, 대명사, 수사)을 수식하는 문장 성분

예 아이가 새 옷을 입었다.

소녀는 시골의 풍경을 좋아한다.

② **부사어** : 용언(동사, 형용사)을 수식하는 문장 성분

예 코스모스가 참 예쁘다.

과연 그 아이는 똑똑하구나.

3) **독립 성분** : 주성분이나 부속 성분과 직접적인 관계가 없이 그 문장에서 따로 떨어진 성분

① **독립어** : 문장의 어느 성분과도 직접적인 관련이 없는 문장 성분

예 글쎄, 철수가 게임을 너무 많이 해요.

아, 드디어 기다리던 소풍날이다.

수 학

01 정수와 유리수

$$
\text{유리수}
\begin{cases}
\text{정수}
\begin{cases}
\text{양의 정수(자연수)}: +1, +2, +3, \cdots \\
0 \\
\text{음의 정수}: -1, -2, -3, \cdots
\end{cases} \\
\\
\text{정수가 아닌 유리수}: -\dfrac{1}{2},\ 0.1,\ \dfrac{1}{3},\ -0.2,\ \cdots
\end{cases}
$$

1. 다음 <보기>에서 해당하는 수를 있는 대로 찾아 써라.

<보기>

$$
\frac{2}{3},\ -4,\ -5,\ +1,\ +0.3,\ +2,\ 0,\ +5,\ -7,\ 6
$$

(1) 양의 정수

_____

(2) 음의 정수

_____

(3) 양수도 아니고 음수도 아닌 수

_____

(4) 정수가 아닌 유리수

_____

2. 다음 <보기>에서 해당하는 수를 있는 대로 찾아 써라.

$$\text{<보기>}$$
$$10, \ -3, \ 0, \ 2, \ +2.1, \ -\frac{1}{2}, \ -2, \ 4, \ 0.1, \ -1$$

(1) 양의 정수

_____

(2) 음의 정수

_____

(3) 양수도 아니고 음수도 아닌 수

_____

(4) 정수가 아닌 유리수

_____

02 정수의 계산(덧셈)

1. 부호가 같은 두 수의 덧셈
   (양수) + (양수) → +(절댓값의 합)
   (음수) + (음수) → -(절댓값의 합)

2. 부호가 다른 두 수의 덧셈
   (양수) + (음수)
   (음수) + (양수) ─→ ○ (절댓값의 차)
                      └─→ 절댓값이 큰 수의 부호

3. 절댓값이 같고 부호가 다른 두 수의 합은 0이다. → $(+a) + (-a) = 0$

> 참고 어떤 수와 0의 합은 그 수 자신이다. → $a + 0 = a,\ 0 + a = a$

3. 다음을 계산하여라.

(1) $(+5) + (+3)$

(2) $(+9) + (+2)$

(3) $(+6) + (+8)$

(4) $(+12) + (+2)$

(5) $(+3) + (+7)$

4. 다음을 계산하여라.

(1) $(-4) + (-1)$

(2) $(-5) + (-7)$

(3) $(-10) + (-3)$

(4) $(-12) + (-2)$

(5) $(-8) + (-4)$

5. 다음을 계산하여라.

(1) $(+9) + (-2)$

(2) $(-15) + (+4)$

(3) $(+11) + (-3)$

(4) $(-7) + (+4)$

(5) $(+1) + (-9)$

(6) $(-6) + (+9)$

(7) $(+12) + (-2)$

(8) $(-8) + (+4)$

(9) $(+5) + (-5)$

(10) $(-9) + (+9)$

6. 다음을 계산하여라.

(1) $(+7) + (0)$

(2) $(0) + (+2)$

(3) $(-3) + (0)$

(4) $(0) + (-4)$

03 정수의 계산(뺄셈)

정수의 뺄셈은 빼는 수의 부호를 바꾸어 더한다.

(양수) − (양수) → (양수) + (음수)

(양수) − (음수) → (양수) + (양수)

(음수) − (양수) → (음수) + (음수)

(음수) − (음수) → (음수) + (양수)

7. 다음을 계산하여라.

(1) $(+7) - (+10)$ (2) $(+9) - (+4)$

(3) $(+6) - (+8)$ (4) $(-2) - (+4)$

(5) $(-1) - (+9)$ (6) $(-6) - (+5)$

8. 다음을 계산하여라.

(1) $(+6) - (-2)$ (2) $(+5) - (-7)$

(3) $(+10) - (-3)$ (4) $(-1) - (-4)$

(5) $(-12) - (-7)$ (6) $(-8) - (-4)$

04 정수의 곱셈

1. 부호가 같은 두 수의 곱셈
두 수의 절댓값의 곱에 양의 부호 +를 붙인 것과 같다.

$$\left.\begin{array}{l}(양수) \times (양수) \\ (음수) \times (음수)\end{array}\right\} \rightarrow (양수)$$

2. 부호가 다른 두 수의 곱셈
두 수의 절댓값의 곱에 음의 부호 −를 붙인 것과 같다.

$$\left.\begin{array}{l}(양수) \times (음수) \\ (음수) \times (양수)\end{array}\right\} \rightarrow (음수)$$

3. 세 개 이상의 수의 곱셈
① 음수가 짝수 개 → (양수)
$$\underbrace{(-) \times (-) \times \cdots \times (-)}_{짝수\ 개} = (+)$$
② 음수가 홀수 개 → (음수)
$$\underbrace{(-) \times (-) \times \cdots \times (-)}_{홀수\ 개} = (-)$$

참고 임의의 수와 0의 곱은 항상 0 이다.

9. 다음을 계산하여라.

(1) $(+3) \times (+7)$

(2) $(+2) \times (+5)$

(3) $(+4) \times (+3)$

(4) $(+6) \times (+0)$

10. 다음을 계산하여라.

(1) $(-2) \times (-5)$

(2) $(-3) \times (-8)$

(3) $(-6) \times (-2)$

(4) $(-7) \times (-0)$

11. 다음을 계산하여라.

(1) $(-6) \times (+5)$

(2) $(-3) \times (+9)$

(3) $(-5) \times (+7)$

(4) $(-3) \times (+0)$

12. 다음을 계산하여라.

(1) $(+9) \times (-4)$

(2) $(+7) \times (-8)$

(3) $(+5) \times (-2)$

(4) $(+2) \times (-0)$

13. 다음을 계산하여라.

(1) $(+2) \times (+3) \times (+4)$

(2) $(-3) \times (+1) \times (-5)$

(3) $(-4) \times (-5) \times (+6)$

(4) $(-7) \times (+2) \times (+1)$

(5) $(-5) \times (-3) \times (-2)$

(6) $(-4) \times (-3) \times (-5)$

(7) $(-9) \times (+7) \times (+0)$

05 정수의 나눗셈

1. 부호가 같은 두 수의 나눗셈
   두 수의 절댓값의 나눗셈의 몫에 양의 부호 (+)를 붙인 것과 같다.
   (양수) ÷ (양수)
   (음수) ÷ (음수) ⎤→ (양수)

2. 부호가 다른 두 수의 나눗셈
   두 수의 절댓값의 나눗셈의 몫에 음의 부호 (−)를 붙인 것과 같다.
   (양수) ÷ (음수)
   (음수) ÷ (양수) ⎤→ (음수)

14. 다음을 계산하여라.

(1) $(+12) \div (+3)$

(2) $(+6) \div (+2)$

(3) $(+18) \div (+3)$

(4) $(+20) \div (+4)$

15. 다음을 계산하여라.

(1) $(-8) \div (-2)$

(2) $(-12) \div (-2)$

(3) $(-15) \div (-5)$

(4) $(-18) \div (-9)$

16. 다음을 계산하여라.

(1) $(-30) \div (+5)$

(2) $(-14) \div (+2)$

(3) $(-10) \div (+2)$

(4) $(-12) \div (+4)$

17. 다음을 계산하여라.

(1) $(+32) \div (-4)$

(2) $(+24) \div (-8)$

(3) $(+20) \div (-5)$

(4) $(+27) \div (-3)$

---

06 거듭제곱

1. **거듭제곱** : 같은 수 a를 n번 거듭하여 곱한 수를 a^n으로 나타낸 것
   ① a^n : a의 n 제곱이라고 읽는다.
   ② 밑 : 거듭제곱에서 곱하는 수
   ③ 지수 : 거듭제곱에서 곱해진 수의 개수

2. **양수의 거듭제곱** : 지수에 관계 없이 양의 부호 $+$를 붙인다.

3. 음수의 거듭제곱

지수가 $\begin{cases} \text{짝수이면 양의 부호} + \\ \text{홀수이면 음의 부호} - \end{cases}$ 를 붙인다.

$a > 0$일 때, $\begin{cases} (-a)^n = a^n \ (n은 \ 짝수) \\ (-a)^n = -a^n \ (n은 \ 홀수) \end{cases}$

참고 -1의 거듭제곱: $(-1)^{짝수} = +1, \ (-1)^{홀수} = -1$

18. 다음 표를 완성하여라.

수	계산결과	수	계산결과
0^2		$(-0)^2$	
1^2		$(-1)^2$	
2^2		$(-2)^2$	
3^2		$(-3)^2$	
4^2		$(-4)^2$	
5^2		$(-5)^2$	
6^2		$(-6)^2$	
7^2		$(-7)^2$	
8^2		$(-8)^2$	
9^2		$(-9)^2$	
10^2		$(-10)^2$	
11^2		$(-11)^2$	
12^2		$(-12)^2$	
13^2		$(-13)^2$	

19. 다음 표를 완성하여라.

수	계산결과	수	계산결과
2^1		-2^1	
2^2		-2^2	
2^3		-2^3	
2^4		-2^4	
2^5		-2^5	
$(-2)^1$		$-(-2)^1$	
$(-2)^2$		$-(-2)^2$	
$(-2)^3$		$-(-2)^3$	
$(-2)^4$		$-(-2)^4$	
$(-2)^5$		$-(-2)^5$	

20. 다음을 계산하여라.

(1) $4 \times (-1)^2$

(2) $2 \times (-1)^2$

(3) $-3 \times (-2)^2$

(4) $-2 \times (-5)^2$

(5) $2 \times (-3)^2$

(6) $3 \times (-1)^3$

(7) $-2 \times (-1)^3$

07 제곱근의 뜻과 표현

1. a의 제곱근 : 음이 아닌 수 a에 대하여 제곱하여 a가 되는 수, 즉 $x^2 = a$일 때 x를 a의 제곱근이라 한다.

2. 제곱근의 표현
  ① 제곱근은 기호 $\sqrt{}$ (근호)를 사용하여 나타내고, 이것을 '제곱근' 또는 '루트(root)'라 읽는다.
  ② 양수 a의 제곱근 중 양수인 것을 양의 제곱근 ($\sqrt{a}$), 음수인 것을 음의 제곱근 ($-\sqrt{a}$)이라 한다.

21. 제곱하면 다음 수가 되는 수를 모두 구하여라.

(1) 9

(2) 25

(3) 49

(4) 4

22. 다음 $\square$ 안에 알맞은 수를 써 넣어라.

$$9의 \ 제곱근 \rightarrow 제곱하여 \ \square 가 \ 되는 \ 수$$
$$\rightarrow x^2 = \square 를 \ 만족시키는 \ x의 \ 값$$
$$\rightarrow \boxed{}$$

23. 다음을 구하여라.

    (1) 16의 제곱근

                     (2) 36의 제곱근

    _____

    (3) 1의 제곱근

                     (4) 169의 제곱근

    _____

24. 다음 ☐ 안에 알맞은 수를 써 넣어라.

> 10의 제곱근 → 제곱하여 ☐이 되는 수
>
>   → $x^2 = $ ☐을 만족시키는 x의 값
>
>   → ☐

25. 다음을 구하여라.

    (1) 11의 제곱근

                     (2) 6의 제곱근

    (3) 5의 제곱근

                     (4) 2의 제곱근

26. 다음 수를 근호를 사용하지 않고 나타내어라.

(1) $\sqrt{4}$

(2) $\sqrt{9}$

(3) $\sqrt{25}$

(4) $\sqrt{6^2}$

27. 다음을 구하여라.

(1) $\sqrt{4} + \sqrt{9}$

(2) $\sqrt{25} - \sqrt{1}$

(3) $(-\sqrt{9}) + (-\sqrt{16})$

(4) $\sqrt{9} \times \sqrt{4}$

---

08 제곱근의 곱셈과 나눗셈

1. 제곱근의 곱셈과 나눗셈
$a > 0, b > 0$일 때,
$$\sqrt{a} \times \sqrt{b} = \sqrt{a \times b}, \ \frac{\sqrt{a}}{\sqrt{b}} = \sqrt{\frac{a}{b}}$$

2. 근호가 있는 식의 변형
$a > 0, b > 0$일 때, $\sqrt{a^2 b} = a\sqrt{b}$

28. 다음을 계산하여라.

(1) $\sqrt{2} \times \sqrt{5}$

(2) $\sqrt{3} \times \sqrt{7}$

(3) $\sqrt{6} \times \sqrt{5}$

(4) $\sqrt{2} \times \sqrt{8}$

29. 다음을 계산하여라.

(1) $\sqrt{6} \div \sqrt{2}$

(2) $\sqrt{15} \div \sqrt{3}$

(3) $\dfrac{\sqrt{18}}{\sqrt{3}}$

(4) $\dfrac{\sqrt{20}}{\sqrt{5}}$

30. 다음을 $a\sqrt{b}$ 꼴로 나타내어라.

(1) $\sqrt{8}$

(2) $\sqrt{12}$

(3) $\sqrt{20}$

(4) $\sqrt{24}$

(5) $\sqrt{18}$

(6) $\sqrt{27}$

(7) $\sqrt{45}$　　　　　　　　　　(8) $\sqrt{63}$

31. 다음을 $\sqrt{a}$ 꼴로 나타내어라.

(1) $2\sqrt{3}$　　　　　　　　　　(2) $2\sqrt{5}$

(3) $2\sqrt{7}$　　　　　　　　　　(4) $3\sqrt{2}$

(5) $3\sqrt{5}$

09 분모의 유리화

1. 분모의 유리화 : 분모가 근호를 포함한 무리수 일 때, 분모를 유리수로 고치는 것

2. 분모의 유리화 방법

① $\dfrac{b}{\sqrt{a}} = \dfrac{b \times \sqrt{a}}{\sqrt{a} \times \sqrt{a}} = \dfrac{b\sqrt{a}}{a}$ (단, $a > 0$)

② $\dfrac{\sqrt{b}}{\sqrt{a}} = \dfrac{\sqrt{b} \times \sqrt{a}}{\sqrt{a} \times \sqrt{a}} = \dfrac{\sqrt{ab}}{a}$ (단, $a > 0,\, b > 0$)

32. 다음 수의 분모를 유리화하여라.

(1) $\dfrac{1}{\sqrt{6}}$　　　　　　　　　　(2) $\dfrac{3}{\sqrt{5}}$

(3) $\dfrac{2}{\sqrt{3}}$　　　　　　　　　　(4) $\dfrac{5}{\sqrt{5}}$

33. 다음 수의 분모를 유리화하여라.

(1) $\dfrac{\sqrt{2}}{\sqrt{3}}$

(2) $\dfrac{\sqrt{3}}{\sqrt{5}}$

(3) $\dfrac{\sqrt{7}}{\sqrt{2}}$

(4) $\dfrac{3\sqrt{5}}{\sqrt{3}}$

---

10 제곱근의 덧셈과 뺄셈

1. 덧셈 : $m\sqrt{a} + n\sqrt{a} = (m+n)\sqrt{a}$
   참고 $\sqrt{a} + \sqrt{b} \neq \sqrt{a+b}$

2. 뺄셈 : $m\sqrt{a} - n\sqrt{a} = (m-n)\sqrt{a}$
   참고 $\sqrt{a} - \sqrt{b} \neq \sqrt{a-b}$

3. $\sqrt{a^2 b}$ 꼴이 있으면 $\sqrt{a^2 b} = a\sqrt{b}$ 임을 이용하여 근호 안의 수를 가장 작은 자연수로 만든 후 덧셈, 뺄셈을 한다.

34. 다음을 계산하여라.

(1) $2\sqrt{3} + 5\sqrt{3}$

(2) $8\sqrt{5} - 2\sqrt{5}$

(3) $2\sqrt{6} - 7\sqrt{6}$

(4) $-\sqrt{2} + 5\sqrt{2}$

(5) $-7\sqrt{2} - 5\sqrt{2}$

(6) $-2\sqrt{3} + 3\sqrt{3}$

35. 다음을 계산하여라.

(1) $3\sqrt{2} + \sqrt{8}$

(2) $4\sqrt{3} + \sqrt{12}$

(3) $-\sqrt{20} - 6\sqrt{5}$

(4) $\sqrt{18} - \sqrt{8}$

11 문자와 식

1. 곱셈 기호의 생략
곱셈 기호 $\times$를 생략하고, 다음과 같이 나타낸다.

① (수)×(문자) : 수를 문자 앞에 쓴다. $\to 4 \times x = 4x, \ x \times (-2) = -2x$

② (문자)×(문자) : 보통 알파벳 순서로 쓴다. $\to b \times a \times x = abx$

③ 같은 문자의 곱 : 거듭제곱으로 나타낸다. $\to a \times a \times a = a^3$

④ 괄호가 있는 식과 수의 곱 : 수를 괄호 앞에 쓴다. $\to (x + y) \times 3 = 3(x + y)$

⑤ 1 또는 -1과 문자의 곱에서는 1을 생략한다. $\to 1 \times x = x, \ (-1) \times x = -x$

36. 다음 식을 곱셈 기호 $\times$를 생략하여 나타내어라.

(1) $x \times (-5)$

(2) $2 \times y$

(3) $b \times (-3) \times a$

(4) $x \times 1 \times x$

(5) $a \times a \times (-1) \times b \times b$

37. 다음 식을 곱셈 기호 $\times$ 를 생략하여 나타내어라.

(1) $2 \times x + y \times 2$

(2) $-3 \times x + 4 \times y$

(3) $x \times x \times 2 + 1$

(4) $x \times 2 \times x + y \times (-2)$

(5) $(-1) \times x + y \times 1$

---

12 **대입, 식의 값**

1. 대입 : 문자를 포함한 식에서 문자 대신 수를 넣는 것

2. 식의 값 : 식의 문자에 어떤 수를 대입하여 구한 값
   ① 문자에 수를 대입할 때는 생략된 곱셈 기호를 나타내어 계산한다.
   ② 문자에 음수를 대입할 때는 괄호를 사용한다.

38. $x = 3$ 일 때, 다음 식의 값을 구하여라.

(1) $2x$

(2) $x + 3$

(3) x^2

(4) $2x^2$

(5) $(x + 1)^2$

39. $x = -3$일 때, 다음 식의 값을 구하여라.

(1) $2x$　　　　　　　　　　　　　(2) $x + 3$

(3) x^2　　　　　　　　　　　　　(4) $2x^2$

(5) $(x + 1)^2$

40. $x = 2$, $y = 1$일 때, 다음 식의 값을 구하여라.

(1) $4x + 5y$　　　　　　　　　　(2) $2x - 5y$

(3) $x^2 + y^2$　　　　　　　　　　(4) $-3x - 4y$

41. 다음을 계산하여라.

(1) $x = 2$일 때, $3x + 4$의 값은?

(2) $x = 5$일 때, $2x + 1$의 값은?

(3) $x = -3$일 때, $4x + 2$의 값은?

(4) $x = -2$일 때, $2x - 1$의 값은?

(5) $x = -3$일 때, $-2x + 3$의 값은?

(6) $x = 5$일 때, $-2x - 1$의 값은?

(7) $x = 1$일 때, $-4x + 3$의 값은?

(8) $x = 0$일 때, $3x + 4$의 값은?

(9) $x = 0$일 때, $-2x - 6$의 값은?

42. 다음을 계산하여라.

(1) $x = 2$일 때, $x^2 + 4$의 값은?

(2) $x = 5$일 때, $x^2 + 1$의 값은?

(3) $x = -3$일 때, $x^2 + 2$의 값은?

(4) $x = -2$일 때, $x^2 - 1$의 값은?

(5) $x = 3$일 때, $x^2 + 2x + 2$의 값은?

(6) $x = -3$일 때, $x^2 + 2x + 2$의 값은?

43. 다음을 계산하여라.

(1) $x = 2$일 때, $2x^2 + 3x + 4$의 값은?

(2) $x = -2$일 때, $2x^2 + 3x + 4$의 값은?

(3) $x = 3$일 때, $2x^2 - 4x + 5$의 값은?

(4) $x = -3$일 때, $2x^2 - 4x + 5$의 값은?

(5) $x = 0$일 때, $2x^2 - 4x + 2$의 값은?

(6) $x = 2$일 때, $(x + 3)^2 - 1$의 값은?

13 다항식

1. **다항식** : 문자와 숫자들이 덧셈, 뺄셈으로 이루어진 식
   ① **항** : 다항식을 이루는 각각의 수 또는 문자
   ② **상수항** : 수로만 이루어진 항
   ③ **계수** : 항에서 문자에 곱해져 있는 수

2. **동류항** : 문자와 차수가 각각 같은 항
   ① $2x$, $3x$ → 동류항(문자와 차수가 같다)
   ② $4x$, $3y$ → 동류항이 아님 (차수는 같으나 문자 다름)
   ③ x^2, $2x$ → 동류항이 아님 (문자는 같으나 차수 다름)

3. **동류항의 덧셈, 뺄셈** : 동류항의 계수끼리의 합 또는 차를 구하여 문자 앞에 쓴다.
   참고 상수항끼리는 모두 동류항이다.

44. 다음 <보기>를 보고 물음에 답하여라.

<보기>
$$x^3 + 4x^2 - 2x + 5$$

(1) 항의 개수는?　　　　　　　　(2) 상수항은?

(3) x^2의 계수는?　　　　　　　(4) 식의 이름은?

45. 다음을 계산하여라.

(1) $2x + 4x$ 　　　　　　　　　(2) $7a + 6a$

(3) $9x - 2x$ 　　　　　　　　　(4) $-2x^2 - 4x^2$

(5) $-3x + 8x$ 　　　　　　　　(6) $-5y + 9y$

(7) $-3x^2 - 5x^2$ 　　　　　　　(8) $-2x^3 + 6x^3$

(9) $-2x + 2x$

(10) $(-9a) + (+9a)$

46. 다음을 계산하여라.

(1) $x + x + x$

(2) $-2a - 3a - 5a$

(3) $4y + 3y + 2$

(4) $-2a + 5 - 3a$

(5) $12x + 5 - 8x + 2x$

(6) $-2y + 6x - 4y + 2x$

(7) $-5a + 6b - 7a - 10b$

(8) $-2x^2 + 6x + 5x^2 + x$

(9) $-2x + 3y + 2x + 1$

(10) $5x^2 + 3x + 3 - 3x$

14 일차식의 덧셈, 뺄셈

1. 일차식의 덧셈, 뺄셈 : 일차항은 일차항끼리, 상수항은 상수항끼리 계산한다.

2. 괄호가 있는 일차식의 덧셈, 뺄셈 : 분배법칙을 이용하여 괄호를 먼저 푼 후, 동류항끼리 모아서 계산한다.

   참고 괄호 앞에 숫자 또는 −가 있는 경우에는 분배법칙을 이용하여 괄호를 풀 때, 괄호 안의 모든 항에 숫자 또는 −를 곱한 후 계산

47. 다음을 계산하여라.

(1) $(3x + 2) + (2x - 5)$

(2) $(-2x + 4) + (-3x - 2)$

(3) $(5x - 1) + (-2x - 2)$

(4) $(-7x + 6) + (2x - 1)$

(5) $(2a + 3) + (4a - 3)$

(6) $(-8y + 3) + (-y - 1)$

48. 다음을 계산하여라.

(1) $(5x + 7) - (2x + 1)$

(2) $(6x + 4) - (-2x - 1)$

(3) $(6x - 7) - (-4x - 2)$

(4) $(-x + 6) - (2x + 5)$

(5) $(2a + 3) - (4a - 3)$

(6) $(-5y + 3) - (-y - 1)$

49. 다음을 계산하여라.

(1) $2(x + 2) + (x - 2)$

(2) $(2x + 3) + 3(-2x - 1)$

(3) $2(3x + 2) + 3(x - 5)$

(4) $5(x - 5) + 2(3x - 2)$

(5) $3(-2x + 4) + 4(3x - 2)$

(6) $5(x + 3) - (x - 2)$

(7) $(2x - 1) - 3(-2x - 1)$

(8) $(-7x + 2) - 3(2x - 5)$

(9) $3(-4x + 3) - 2(x - 3)$

(10) $-2(x - 5) - 5(3x - 2)$

15 다항식의 전개(곱셈)

1. 두 번 전개

$x(ax + b) = ax^2 + bx$

$ax(bx + c) = abx^2 + acx$

2. 네 번 전개

$(x + a)(x + b) = x^2 + (a + b)x + ab$

$(ax + b)(cx + d) = acx^2 + (ad + bc)x + bd$

3. 완전제곱식

$(x + a)^2 = x^2 + 2ax + a^2$

$(x - a)^2 = x^2 - 2ax + a^2$

4. 합차공식

$(x + a)(x - a) = x^2 - a^2$

50. 다음을 전개하여라.

(1) $x(x + 5)$

(2) $x(x - 3)$

(3) $x(2x + 4)$

(4) $-x(6x - 5)$

(5) $2x(3x - 2)$

(6) $4x(2x - 3)$

51. 다음을 전개하여라.

(1) $(x + 2)(x + 5)$

(2) $(x + 3)(x + 4)$

(3) $(x + 6)(x - 4)$

(4) $(x - 5)(x + 2)$

(5) $(x - 3)(x - 2)$

(6) $(x - 5)(x - 9)$

52. 다음을 전개하여라.

(1) $(2x + 2)(3x + 5)$

(2) $(x + 1)(2x + 4)$

(3) $(3x + 5)(x - 4)$

(4) $(4x - 5)(2x + 2)$

(5) $(2x - 3)(2x - 2)$

(6) $(4x - 5)(3x - 9)$

53. 다음을 전개하여라.

(1) $(x + 1)^2$

(2) $(x + 2)^2$

(3) $(x + 3)^2$

(4) $(x + 4)^2$

(5) $(x + 5)^2$

(6) $(x - 6)^2$

(7) $(x - 7)^2$

(8) $(x - 8)^2$

(9) $(x - 9)^2$

(10) $(x - 10)^2$

54. 다음을 전개하여라.

(1) $(x + 1)(x - 1)$

(2) $(x + 2)(x - 2)$

(3) $(x + 3)(x - 3)$

(4) $(x + 4)(x - 4)$

(5) $(x + 5)(x - 5)$

(6) $(x - 6)(x + 6)$

(7) $(x - 7)(x + 7)$

(8) $(2x - 3)(2x + 3)$

(9) $(3x - 4)(3x + 4)$ (10) $(4x - 1)(4x + 1)$

16 인수분해

1. **인수분해** : 하나의 다항식을 2개 이상의 인수의 곱의 꼴로 나타내는 것을 '그 다항식을 인수분해한다'고 한다. 즉, (이차식) = (일차식) × (일차식)

$$x^2 + 4x + 3 \quad \xrightarrow[\text{전개}]{\text{인수분해}} \quad (x + 1)(x + 3)$$

참고 인수분해는 전개의 역연산이다.

2. 인수분해 공식은 다음과 같다.
   ① 공통인수
   $$ax^2 + bx = x(ax + b)$$
   ② 제곱 − 제곱 (합, 차공식)
   $$x^2 - a^2 = (x + a)(x - a)$$
   ③ 합, 곱
   $$x^2 + (a + b)x + ab = (x + a)(x + b)$$
   ④ 완전제곱식
   $$x^2 + 2ax + a^2 = (x + a)^2$$
   $$x^2 - 2ax + a^2 = (x - a)^2$$

55. 다음을 인수분해하여라.

(1) $x^2 + 2x$ (2) $x^2 + 3x$

(3) $x^2 + x$

(4) $x^2 - 4x$

(5) $x^2 - 5x$

(6) $x^2 - x$

56. 다음을 인수분해하여라.

(1) $x^2 - 1$

(2) $x^2 - 4$

(3) $x^2 - 9$

(4) $x^2 - 16$

(5) $9x^2 - 4$

(6) $25x^2 - 1$

57. 다음을 인수분해하여라.

(1) $x^2 + 5x + 6$

(2) $x^2 + 8x + 12$

(3) $x^2 + 9x + 20$

(4) $x^2 + 7x + 10$

(5) $x^2 - 10x + 21$

(6) $x^2 - 7x + 12$

(7) $x^2 - 6x + 8$

(8) $x^2 - 9x + 18$

58. 다음을 인수분해하여라.

(1) $x^2 + 5x - 14$

(2) $x^2 + 3x - 10$

(3) $x^2 + 2x - 15$

(4) $x^2 + 7x - 8$

(5) $x^2 - 5x - 14$

(6) $x^2 - 4x - 12$

(7) $x^2 - 6x - 7$

(8) $x^2 - x - 6$

59. 다음을 인수분해하여라.

(1) $x^2 + 2x + 1$

(2) $x^2 + 6x + 9$

(3) $x^2 + 10x + 25$

(4) $x^2 - 4x + 4$

(5) $x^2 - 12x + 36$

(6) $x^2 - 20x + 100$

(7) $x^2 + 8x + 16$

(8) $x^2 - 14x + 49$

60. 다음 이차식은 완전제곱식이다. □ 안에 알맞은 수를 구하여라.

(1) $x^2 + 6x + \square$

(2) $x^2 + 10x + \square$

(3) $x^2 - 4x + \square$

(4) $x^2 - 2x + \square$

---

17 일차방정식

1. 방정식

미지수가 있는 등식

2. 방정식의 풀이

등호가 성립하게 하는 미지수의 값을 구한다. 그 때의 미지수의 값을 '방정식의 해 또는 근' 이라고 한다. 즉, '방정식을 푼다'는 말은 '해 또는 근을 구한다'라고 한다.

3. 방정식의 풀이

일차방정식은 다음과 같은 순서로 푼다. (이항과 약분)

① 미지수 x를 포함하는 항은 좌변으로 상수항은 우변으로 이동한다.(부호반대로 이동하면 이를 이항이라 한다.)

② 양변을 정리하여 $ax = b$ 꼴로 만든다.

③ 양변을 x의 계수 a로 나누어 해를 구한다. (이를 약분이라 한다.)

61. 다음 일차방정식을 풀어라.

(1) $x + 2 = 7$

(2) $x + 3 = 10$

(3) $x - 3 = 6$

(4) $x - 1 = 3$

(5) $x + 6 = 2$

(6) $x + 5 = -1$

(7) $x - 5 = -2$

(8) $x - 6 = -4$

62. 다음 일차방정식을 풀어라.

(1) $2x = 6$

(2) $3x = 12$

(3) $2x = 10$

(4) $4x = 4$

(5) $2x = -8$

(6) $3x = -15$

(7) $-4x = -12$

(8) $-3x = -21$

(9) $-2x = 10$

(10) $-3x = 24$

63. 다음 일차방정식을 풀어라.

(1) $2x + 1 = 9$

(2) $3x + 2 = 17$

(3) $2x - 5 = 1$

(4) $4x - 3 = 17$

(5) $2x - 10 = -8$

(6) $3x + 2 = -4$

(7) $4x + 8 = -12$

(8) $3x + 12 = 0$

18 부등식

1. **부등식** : 부등호 $<, >, \leq, \geq$ 를 사용하여 수 또는 식 사이의 대소 관계를 나타낸 식

2. **부등식의 표현(읽기)**

$x < a$	$x > a$
· x는 a보다 작다. · x는 a 미만이다.	· x는 a보다 크다. · x는 a 초과이다.

$x \leq a$	$x \geq a$
· x는 a보다 작거나 같다. · x는 a보다 크지 않다. · x는 a 이하이다.	· x는 a보다 크거나 같다. · x는 a보다 작지 않다. · x는 a 이상이다.

3. **일차부등식** : (일차식)< 0, (일차식)> 0, (일차식)≤ 0, (일차식)≥ 0의 꼴로 나타낼 수 있는 부등식

4. **일차부등식의 해를 수직선 위에 나타내기**

①  $x > a$

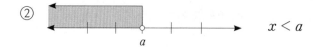

② $x < a$

③ $x \geq a$

④ $x \leq a$

5. 일차부등식의 풀이 : 일차방정식 풀이와 같이 이항과 약분을 이용하여 식을 정리한다.

64. 다음 부등식을 읽고 수직선 위에 나타내어라.

(1) $x > 1$

읽기 :

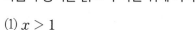

(2) $x \geq 2$

읽기 :

(3) $x < 3$

읽기 :

(4) $x \leq 4$

읽기 :

65. 다음 수직선을 부등식으로 나타내어라.

(1)

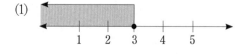

(2)

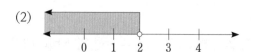

(3)

(4)

(5)

(6)

66. 다음 일차부등식을 풀어라.

(1) $2x + 1 > 7$

(2) $3x + 2 < 8$

(3) $2x - 5 \geq 3$

(4) $4x - 3 \leq 5$

(5) $2x - 10 > -2$

(6) $3x + 2 < -1$

(7) $4x + 8 \geq -4$

(8) $2x + 2 \leq 0$

1. 단어 [반의어]

단어	뜻
good [굿]	좋은
bad [배드]	나쁜
fast [패스트]	빠른
slow [슬로우]	느린
smart [스마트]	
clever [클레버]	똑똑한, 영리한
wise [와이즈]	
stupid [스투피드]	어리석은
big [빅]	큰
small [스몰]	작은
tall [톨]	키가 큰
many [매니]	(수가) 많은
much [머취]	(양이) 많은
little [리틀]	적은
cheap [칩]	저렴한
expensive [익스펜시브]	비싼
safe [세이프]	안전한
dangerous [덴져러스]	위험한
clean [클린]	깨끗한
dirty [더티]	더러운
hot [핫]	더운, 뜨거운
cold [콜드]	추운, 차가운
alive [얼라이브]	살아있는
dead [데드]	죽은
interesting [인터레스팅]	흥미있는
boring [보어링]	지루한
happy [해피]	행복한

단어	뜻
sad [쌔드]	슬픈
new [뉴]	새로운, 젊은
old [올드]	오래된, 늙은
wet [웻]	젖은
dry [드라이]	마른
heavy [헤비]	무거운
light [라잇]	가벼운

2. 숙어

숙어	뜻	숙어	뜻
be covered with	~로 덮이다.	put off	연기하다.
be different from	~와 다르다.	take a bus	버스를 타다.
be disappointed at	실망하다.	take a picture	사진을 찍다.
be good at	잘하다. 능숙하다.	take care of	돌보다.
be interested in	~에 관심이 있다.	take pride in	자랑스러워하다.
be known for	~로 유명하다.	tend to	~하는 경향이 있다.
be famous for	~로 유명하다.	try on	입어보다.
be proud of	자랑스러워하다.	turn off	(전기 등을) 끄다.
deal with	다루다.	turn on	켜다.
depend on	의지하다.	wait for	기다리다.
feel down	우울해하다.	worry about	걱정하다.
for instance	예를들어	would like to 동사원형	~하고 싶다.
get off	내리다.		
get on	타다.		
give up	포기하다.		
grow up	성장하다. 자라다.		
had better 동사원형	~하는 게 낫다.		
how about ~ing?	~하는 게 어때?		
hurry up	서두르다.		
look after	돌보다.		
look for	찾다.		
look forward to	기대하다.		
look up to	존경하다		
lose weight	살을 빼다.		
make a reservation	예약하다.		
pay attention to	집중하다.		
pick up	~를 데리러 가다.		
prepare for	준비하다.		

3. 어법

1) **명사** : 사람, 사물, 동물, 지역 등의 이름을 가리킨다. 명사는 셀 수 있는 명사와 셀 수 없는 명사로 구분하며 셀 수 있는 명사의 경우에는 단수와 복수로 나뉜다.

　영어는 1개인 단수와 2개 이상인 복수 표현을 주의한다.

　① 단수형 : a car, a student, an apple (단어 앞에 a/an을 쓴다.)

　② 복수형 : cars, students, apples (단어 뒤에 -s/-es를 쓴다.)

2) **대명사**

　A) 인칭대명사 : I, You, He, She, We, You, They

　B) 지시대명사

　　가까운 것 : this(이것, 이사람) / these(~들)

　　먼 것 : that(저것, 저사람) / those(~들)

3) **동사**

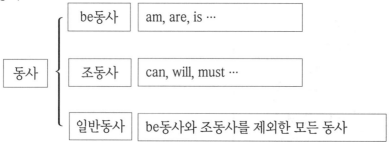

4) **형용사, 부사**

　① 형용사 : 사람, 사물의 성질, 특징을 설명하며 명사를 꾸며주는 말

　　big(큰), red(빨간), rich(부유한), poor(가난한) 등

　② 부사 : 동사, 형용사, 문장을 수식

　　fast(빨리), slowly(느리게) 등

5) **전치사**

　A) 시간을 나타내는 전치사

　　・ at + 시, 분, 초 : ~에

- on + 요일, 날짜 : ~에
- in + 달, 계절, 연도 : ~에
- for + 기간 : ~동안

  We eat breakfast <u>at</u> eight. 우리는 8시<u>에</u> 아침을 먹는다.

  We go on a picnic <u>in</u> spring. 우리는 봄<u>에</u> 소풍을 간다.

B) 장소를 나타내는 전치사
- at : (좁은 장소) ~에
- around : 주위에
- in : (넓은 장소) ~에
- up : 위쪽에
- on : ~위에
- down : 아래쪽에

  We arrived <u>at</u> school. 우리는 학교<u>에</u> 도착했다.

  There is a book <u>on</u> the desk. 책상 <u>위에</u> 책 한 권이 있다.

C) 기타의 전치사
- by : ~에 의하여
- with + 사람 : ~와 (함께)
- about : ~에 관하여
- with + 도구 : ~<u>으로</u>

  * by + 교통수단 : ~을 타고서 (단, 걸어서는 on foot)

  This building was built <u>by</u> Romans. 로마 사람들에 <u>의해</u> 그 건물이 지어졌다.

  I cut the cake <u>with</u> my mother. 나는 엄마<u>와</u> 케이크를 잘랐다.

6) 접속사 : 등위접속사 and(~와, 그리고) / but(그러나) / or(또는) / so(그래서)

  She <u>and</u> I went shopping. 그녀<u>와</u> 나는 쇼핑을 갔다.

  I failed the exam <u>but</u> I was fine. 나는 시험을 낙방했<u>으나</u> 괜찮았다.

4. 문장 : 문장성분은 문장을 이루는 구성 요소를 말하며 주어, 동사(= 서술어), 목적어, 보어, 수식어로 나뉜다.

1) 평서문

　A) 주어와 동사

　　① 주어 : 행동의 주체가 되는 말. 우리말의 '~은/는, ~이/가'에 해당하며, 주로 문장 제일 앞에 온다.

　　② 동사 : 주어의 동작이나 상태를 나타내는 말. 우리말의 '~이다, ~하다'에 해당하며, 주어 뒤에 온다.

　　　I 　drive.
　　　주어　동사

　　　My father 　sleeps.
　　　　　주어　　　동사

　　* 주어와 동사만으로도 문장을 만들 수 있다.

　B) 목적어와 보어

　　① 목적어 : 동사의 목적, 즉 대상이 되는 말. 우리말의 '~을/를'에 해당하며, 동사 뒤에 온다.

　　② 보어 : 주어나 목적어를 보충 설명하는 말. 'A는 B이다'에서 B에 해당하며, 동사나 목적어 뒤에 온다.

　　　(Tip : 주어 ≠ 목적어, 주어=(주격)보어)

　　　ⓐ I 　learn 　English.
　　　　주어　동사　　목적어

　　　ⓑ Mike 　wears 　glasses.
　　　　주어　　　동사　　　목적어

　　　ⓒ I 　am 　a student.
　　　　주어 동사　　보어

2) 의문문

　A) be동사의 의문문 : 동사 + 주어

　　　일반동사의 의문문 : Do/Does + 주어 + 동사

　B) 의문사를 포함하는 의문문

　　· 의문사 + be동사 + 주어

　　· 의문사 + do/does/did + 주어 + 일반동사

3) 명령문

· 긍정의 명령문 : 주어가 생략된 상태로 동사를 바로 쓴다.

Open the door, please. (문을 열어 주세요.)

· 부정의 명령문 : 주어가 생략된 상태에서 Don't를 만든다.

Don't open the door, please. (문을 열지 마세요.)

5. 문장의 형식

1형식 : 주어 + 동사

1형식 문장은 주어와 동사만으로도 이뤄진다. 보통 수식어(장소 + 시간 등)와 같이 쓰인다.

ⓐ Birds sing. 새들은 노래한다.

ⓑ Time flies. 시간은 빨리 흐른다.

ⓒ My mom is in the kitchen. 나의 엄마는 부엌에 있다.

ⓓ The sun rises in the east. 태양은 동쪽에서 떠오른다.

2형식 : 주어 + 동사 + 주격 보어

2형식 문장은 주어와 동사 다음에 주어를 보충 설명해 주는 보어가 반드시 와야한다. 이 때, 보어 자리에는 부사가 올 수 없다.

ⓐ I am a middle school student. 나는 중학생이다. (I = middle school student)

ⓑ She is happy. 그녀는 행복하다. (She = happy)

3형식 : 주어 + 동사 + 목적어(을, 를, 에게)

주어와 동사만으로는 완전하지 않아 '무엇을'에 해당하는 목적어를 쓴다.

I love you. 나는 너를 사랑한다.

4형식 : 주어 + 동사 + 간접목적어(~에게) + 직접목적어(~을/를)

ⓐ I make my sister lunch. 나는 나의 언니에게 점심을 만들어 준다.

ⓑ Mr. James teaches us English. 제임스 선생님은 우리에게 영어를 가르치신다.

5형식 : 주어 + 동사 + 목적어 + 목적격 보어

5형식에서 목적어와 보어의 관계는 '목적어=목적격 보어'이다. 목적격 보어는 목적어의 성질이나 상태를 보충 설명한다.

ⓐ My friends call me Vicky. 내 친구들은 나를 비키라고 부른다.

ⓑ I find this book useful. 나는 이 책이 유용하다는 것을 안다.

6. 생활영어

1) 자기소개 및 인사

> A : Hello, Kevin. I'm Jenny.
> B : Glad to meet you, Jenny.
> A : Glad to meet you, too.

> A : How do you do? I'm Suzi.
> B : How do you do? I'm Mike.

☞ How do you do? (처음 봤을 때 하는 인사)

2) 감사

> A : Thank you for your help.
> B : You're welcome.

3) 물어보기

A : Where do you work now?
B : I work at 'Hanyang academy'.

4) 제안과 약속

A : Would you like to go on a camping tomorrow?
B : That sounds great.

☞ Would you like to ~ (~하시겠어요?)

5) 방향, 위치 묻기

A : Excuse me. Where is the bank near here?
B : I'm sorry. I'm a stranger here, too.
A : Oh, I got it. Thanks anyway.

6) 전화 통화

A : May I speak to Sera?
B : Sorry, but she's not in. May I take your message?
A : No, that's OK. I'll call again later.

☞ May I speak to ~? (~와 통화할 수 있을까요?)
    = Can I talk to ~?

7) 음식 주문

A : Can I take your order?
B : Yes, I like one cheese burger.
A : For here or to go?

☞ May I take your order? (주문하시겠어요?)
    For here or to go? (여기서 드시겠어요, 가져가시겠어요?)

8) 날씨

A : How's the weather today?
B : It is sunny.

☞ How's the weather? (날씨 어때요?)

= What's the weather?

9) 쇼핑

A : May I help you?
B : Yes, please. I'm looking for a shirt.
A : How about this one?
B : Good. Can I try it on?

10) 건강과 기원

A : What's wrong with you?
B : I have a cold.

☞ What's wrong (with you)? (무슨 일 있어?)

= What's the matter?

= What's the problem?

= What happened?

7. 독해연습

A 주어진 문장을 해석하세요.

1. I am a student.

_____.

2. She runs very fast.

_____.

3. My friend tells me her secret.

_____.

4. I don't buy my son expensive shoes.

_____.

5. Hiking makes me tired.

_____.

6. Tim sometimes borrows me money.

_____.

7. My parents give me ten dollars every week.

_____.

B 괄호 안에서 알맞은 것을 고르세요.

1. This song is (beautiful, beautifully).

2. My father dances (good, well).

3. This shirt is (great, greatly).

4. I want you (help, to help) me.

5. She is very (rude, rudely).

C 주어진 단어를 활용하여, 다음 우리말을 영어로 바르게 옮기세요.

1. 엄마는 나에게 쿠키를 만들어 주신다. (make)

   _____.

2. 나는 아침밥을 먹는다. (eat)

   _____.

3. 그녀는 학생이다. (is)

   _____.

4. 크리스(Chris)는 키가 크다. (is)

   _____.

사 회

1 인간, 사회, 환경과 행복

① 인간, 사회, 환경을 바라보는 시각

1. 인간, 사회, 환경을 바라보는 여러 가지 관점

    1) 시간적 관점 : 시간의 흐름, 역사, 자취를 중심으로 분석하고 미래를 예측

    2) 공간적 관점 : 현상들이 발생하는 장소를 중심으로 맥락을 분석

    3) 사회적 관점 : 사회제도와 정책, 구조 등을 중심으로 현상의 원인과 대책마련

    4) 윤리적 관점 : 양심과 도덕적인 차원에서 바람직한 방안을 찾는 것

    5) 통합적 관점 : 시간과 공간, 사회와 윤리적 관점을 모두 합쳐서 현상을 분석

② 행복의 기준과 행복의 진정한 의미

1. 행복의 의미와 다양성

    1) 행복의 의미 : 만족감과 기쁨을 느끼는 상태

    2) 행복의 다양성 : 행복의 기준은 시대와 장소에 따라 다양

2. 동서양의 행복

    1) 동양에서의 행복 : 유교 – 仁의 실현, 불교 – 불성으로 해탈의 경지, 도교 – 자연 그대로의 모습

    2) 서양에서의 행복 : 아리스토텔레스 – 이성에 기반한 행복, 에피쿠로스 – 평온한 삶, 스토아학

       파 – 금욕하는 삶, 칸트 – 자기상황에 만족하는 것, 벤담 – 최대다수의 최대행복

③ 행복한 삶을 실현하기 위한 조건

1. 질 높은 정주 환경

2. 경제적 안정

3. 민주주의 발전

4. 도덕적 실천과 성찰하는 삶

2 자연환경과 인간

1 자연환경과 인간 생활

1. 자연환경이 인간 생활에 끼치는 영향

<세계 기후>

열대 기후	열대 우림 기후	연중고온다우(스콜), 얇고 짧은 옷, 향신료와 염장식품, 급경사 지붕(스콜), 고상가옥(습기, 지열, 해충), 개방적 구조(더위)
	열대 사바나 기후	건기/우기, 열대 초원, 동물의 왕국
	열대 고산 기후	해발 1000m~2000m사이, 상춘기후, 남미 안데스 산맥 잉카문명(마추피추)
건조 기후	사막 기후	강수량 250mm이하, 고온건조, 온몸을 휘감는 옷(햇빛과 모래바람 차단), 대추야자, 밀, 오아시스농업, 관개농업, 폐쇄적 구조(햇빛과 모래차단), 흙집·돌집, 평평한 지붕, 좁은 골목(그늘)
	스텝 기후	강수량 250~500mm 사이, 초원 발달, 유목과 목축, 이동식 가옥(게르)
온대 기후	온대계절풍 기후	4계절, 여름 고온다우, 겨울 한랭건조
	서안해양성 기후	여름 서늘, 겨울 따뜻, 잦은 비, 혼합농업, 낙농업, 원예농업 발달
	지중해성 기후	여름 고온건조, 관광업 발달(스페인, 이탈리아, 그리스) 수목농업(포도, 올리브, 오렌지)
냉대 기후		4계절, 긴겨울, 타이가 지대
한대 기후	툰드라 기후	폐쇄적 가옥구조, 사냥과 어로, 농사불가, 원주민(이누이트족), 백야축제, 개썰매
	빙설 기후	원주민 없음, 남극 세종과학기지, 장보고기지

2. 안전하고 쾌적하게 살아갈 시민의 권리

   1) 자연재해의 유형

      ① 기상재해 : 홍수, 가뭄, 태풍, 폭설 등

      ② 지형재해 : 화산, 지진, 지진해일(쓰나미) 등

② 인간과 자연의 관계

1. 인간중심주의 자연관 : 인간의 가치를 가장 중시, 이분법적 관점(자연/인간), 자연의 도구적 가치 강조 **예** 아리스토텔레스(식물 → 동물 → 인간), 베이컨(자연을 사냥해 노예로 만들자)

2. 생태중심주의 자연관 : 자연 그 자체의 가치를 인정, 자연 전체를 도덕적 고려 대상으로 여기는 관점, 전일론적 관점(자연=인간)

3. 인간과 자연의 바람직한 관계 : 유기적 관계, 공존과 조화
   예 생태도시, 슬로시티, 생태통로, 자연휴식년제, 환경영향 평가제 등

③ 환경 문제의 발생, 특징, 유형

1. 환경 문제의 원인과 특징
   1) **원인** : 산업화, 인구 증가
   2) **특징** : 전 지구적 차원의 문제, 복구하는 데 많은 시간과 비용

2. 환경 문제의 종류와 대책
   1) **지구온난화** : 화석연료 사용 → 온실가스 배출 → 온실효과 발생 → 빙하해빙 → 해수면 상승, 이상기후 등, 교토의정서, 파리협정으로 규제
   2) **사막화** : 가뭄, 과도한 경작과 방목이 원인, 사막화 방지 협약으로 규제
   3) **오존층 파괴** : 염화불화탄소로 오존층 파괴, 몬트리얼 의정서로 규제

3 생활공간과 사회

① 산업화와 도시화로 인한 변화

1. 산업화와 도시화의 정의
   1) **산업화** : 농업 중심의 사회에서 광공업과 서비스업 중심의 사회로 변화하는 과정
   2) **도시화** : 도시 거주 인구의 비율 증가, 도시적 생활양식이 확산되는 현상

2. 도시화

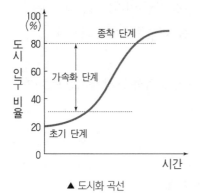

▲ 도시화 곡선

초기 단계	1차 산업 중심, 촌락 거주 인구가 대부분
가속화 단계	산업화, 이촌향도, 도시문제 심화
종착 단계	역도시화 현상(U턴 현상, J턴 현상)

3. 산업화와 도시화로 인한 문제의 발생과 해결 방안

1) **문제점** : 주택부족 문제와 슬럼화, 교통체증과 주차난, 수질·토양·대기오염 심각, 열섬현상 발생, 실업문제, 노사갈등문제, 이기주의로 인한 소통부족, 물질만능주의 확산 등

2) **해결책** : 주택공급 확대, 도시재개발 사업 실시, 대중교통 확대, 공영주차장 확대, 실업관련 복지제도 확충, 최저임금제, 비정규직 보호법 제정, 자원재활용, 공동체의식(연대의식) 함양, 인간의 존엄성 중시, 타인존중 등

② 교통 통신의 발달과 정보화

1. **교통, 통신의 발달에 따른 변화** : 이동시간과 비용의 감소, 대도시권의 형성, 의사소통 확산, 국제금융거래 활성화로 경제활동범위의 확대, 다국적 기업의 등장

2. **정보화에 따른 생활양식의 변화** : 신속 정확한 정보 수집가능, SNS나 가상 공간을 통한 의견 표현, 전자 민원서류 업무가능, 전자 상거래활성화, 인터넷 뱅킹, 원격 근무, 화상회의, 원격 진료, 원격 교육, 스마트 기기를 통해 문화의 확산 속도가 빨라짐

3. **정보화에 따른 문제점** : 인터넷 중독, 정보격차, 사이버 범죄, 사생활 침해 등

③ 지역의 공간 변화

1. 지역과 지역성 및 공간 변화

   1) **지역 의미** : 타 지역과 구별되는 지표상의 공간 범위

   2) **지역성 의미** : 어떤 지역의 자연환경과 인문환경이 상호 작용하여 형성된 그 지역만의 고유한 특성

2. 지역 조사 방법 : 조사계획 → 조사주제와 지역 선정 → 지리정보의 수집(실내조사, 야외 조사) → 지리정보의 분석(분석 자료 정리, 도표와 주제도 작성 등) → 토의 → 조사보고서 작성

3. 촌락에서 발생하는 문제점과 해결 방안

   1) **문제점** : 공동체 의식의 약화, 노동력의 부족, 성비불균형, 유휴경작지 증가, 인구 유출 등

   2) **해결책** : 지리적 표시제, 지역브랜드, 지역축제, 경관농업, 농공단지 조성, 문화시설확충, 교육과 의료시설 확충 등

4 인권 보장과 헌법

① 인권의 역사와 확장

1. 인권의 의미와 인권의 확립 과정

   1) **인권의 의미** : 인간의 기본적인 권리, 인간은 수단이 아니라 목적

   2) **인권의 특성** : 보편성(누구나), 천부성(가지고 태어남), 항구성(영원히), 불가침성(양도불가)

2. 인권 보장의 역사

근대이전		18세기		19세기		20세기 초		2차 세계 대전 이후
대다수 사람들이 자유와 권리를 인정받지 못함	→	영국명예혁명(권리장전), 미국독립혁명(독립선언문), 프랑스혁명(인권선언문), 봉건질서붕괴	→	빈농, 노동자, 여성, 흑인 등의 참정권 요구(차티스트운동)	→	사회권 등장(독일 바이마르 헌법)	→	UN의 세계 인권선언, 연대권의 강조

3. 현대사회에서의 인권 확장 : 주거권, 안전권, 환경권, 문화권, 연대권, 잊혀질 권리 등

② 인권 보장을 위한 헌법의 역할과 시민 참여

1. 인권과 헌법

　1) **인권과 헌법의 관계** : 인권은 최고법인 헌법을 통해 기본권으로 보장

　2) **헌법에 명시된 기본권**

　　① 자유권 : 간섭이나 침해 없이 자유로운 생활을 누릴 수 있는 권리

　　② 평등권 : 법 앞에서 차별받지 않을 권리, 모든 사람을 동등하게 대우하나 선천적, 후천적 차이를 고려

　　③ 참정권 : 정치에 참여할 수 있는 권리, 정부를 구성하고 선택, 국민주권의 원리, 선거권

　　④ 청구권 : 수단적 성격, '기본권 보장을 위한 기본권', 재판청구권

　　⑤ 사회권 : 인간다운 생활을 누릴 권리, 근로권, 환경권 등

<기본권 제한 관련 헌법조항>

> **헌법 제37조 2항** : 국민의 모든 자유와 권리는 국가안전보장, 질서유지 또는 공공복리를 위하여 필요한 경우에 한하여 법률로써 제한할 수 있으며, 제한하는 경우에도 자유와 권리의 본질적인 내용을 침해할 수 없다.

　3) **인권 보장을 위한 제도적 장치** : 법치주의, 권력분립(입법권, 행정권, 사법권), 헌법재판소, 민주적 선거제도(보통·평등·직접·비밀 선거, 선거 공영제, 선거구 법정주의 등), 복수정당제, 국가인권위원회, 국민권익위원회 등

2. 준법 의식과 시민 참여

　1) **준법 의식의 의미** : 사회정의 실현 및 인권 보장을 위해 법을 존중하고 지키려는 의식

　2) **시민 참여** : 공동체의 의사 결정에 직·간접적으로 시민들이 참여하는 것, 정의로운 사회 실현에 이바지

　　① 합법적인 방법 : 선거, 국민투표, 공청회, 1인 시위, 이익집단활동, 시민단체 활동 등

　　② 비합법적인 방법 : 시민 불복종

3. 시민 불복종 : 잘못된 법이나 정책을 바로잡기 위해 양심에 따라 행동하는 위법행위

   1) **조건** : 최후의 수단, 처벌 감수, 비폭력성, 공개성, 공익성 등

   2) **사례** : 간디의 비폭력불복종, 킹목사의 흑인인권운동

5 시장 경제와 금융

① 자본주의의 전개 과정과 합리적 선택

1. 자본주의의 특징과 전개 과정

   1) **자본주의의 의미** : 사유재산 인정, 사적 이익 추구 인정, 경제 활동의 자유 보장, 시장경제

<경제체제의 분류>

생산수단의 소유형태	자본주의 경제체제	개인의 생산수단 소유를 법적으로 보장
	사회주의 경제체제	사유재산금지, 생산수단의 국유화
경제 문제 해결방식에 따라	전통경제 체제	전통 및 관습에 따라 경제 문제 해결
	계획경제 체제	정부의 계획 및 명령에 따라 경제 문제 해결
	시장경제 체제	시장 가격에 따라 자유롭게 경제 문제 해결

   2) **자본주의의 전개 과정** : 상업자본주의 → 산업자본주의 → 독점자본주의 → 수정자본주의 → 신자유주의

2. 합리적 선택의 의미와 한계 : 최소의 비용으로 최대의 만족을 얻는 것, 기회비용(포기한 가치)이 낮을수록 합리적, 매몰비용(이미 지불한 회수불가 비용)은 고려하지 않는 것

3. 합리적 선택의 과정

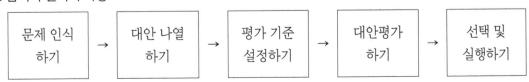

문제 인식 하기 → 대안 나열 하기 → 평가 기준 설정하기 → 대안평가 하기 → 선택 및 실행하기

<비합리적인 소비>

밴드웨건 효과	동조소비, 유행하는 물건의 구매
스노브 효과	남과 다른 것만을 소비하려 하는 것
베블런 효과	과시소비, 고가의 명품 만을 과소비

② 시장경제와 경제 주체의 역할

1. 시장의 의미와 기능

   1) **의미** : 상품에 대한 정보 교환 및 거래가 이루어지는 장소

   2) **기능** : 비용을 줄이고 특화와 교환을 가능하게 해 생산성 향상에 기여, 자원의 효율적인 배분가능

2. 시장의 한계 : 불완전 경쟁(독점, 과점), 공공재의 공급부족, 외부효과(의도치 않은 손해나 이익의 발생)의 발생

3. 시장에서 나타날 수 있는 다양한 문제 : 경제적 불평등, 노사갈등, 실업, 인플레이션 등

4. 시장 경제 참여자의 바람직한 역할

   1) **정부의 역할** : 공정경쟁을 위한 제도 제정, 공공재 생산 및 공급, 소득재분배 정책, 물가안정 정책

   2) **기업의 역할** : 기업가정신, 건전한 이윤 추구, 윤리경영

   3) **노동자의 역할** : 노동 3권의 보장, 역할에 충실

   4) **소비자의 역할** : 소비자 주권 확립, 합리적 소비, 윤리적 소비

③ 국제 무역의 확대와 영향

1. 국제 분업과 무역

   1) **국제 분업** : 각 나라가 타국보다 더 잘 만들 수 있는 재화와 서비스를 특화하여 생산

   2) **무역** : 상품이나 서비스를 다른 나라와 사고파는 국제 거래

2. 국제 무역 확대와 영향

　1) **국제 거래 확대** : 세계무역기구(WTO) 등장과 자유무역협정(FTA) 체결로 확대

　2) **무역의 긍정적 영향** : 기업의 생산성과 효율성의 향상, 규모의 경제와 고용 창출, 새로운 아이
　　　디어 및 기술 전파, 풍요로운 소비 생활, 문화 교류의 활성화

　3) **무역의 부정적 영향** : 경쟁력 없는 기업이나 산업의 위축, 실업증가, 무역의존도 증가, 국가 간
　　　빈부격차 심화

④ 자산 관리와 금융 생활

1. 다양한 자산과 합리적 자산 관리

　1) **자산** : 사람들이 소유하고 있는 유·무형의 재산, 현금·예금·주식·채권·부동산 등

　2) **자산 관리** : 저축과 투자에 대한 계획을 세우고 실행하는 것, 평균수명 연장으로 더욱 필요

2. 다양한 금융자산 : 예금, 적금, 주식, 채권, 펀드, 보험, 연금 등

3. 자산 관리의 원칙(분산투자 필요)

　1) **자산의 안전성** : 예금 > 채권 > 주식

　2) **자산의 수익성** : 예금 < 채권 < 주식

　3) **자산의 유동성** : 예금 > 채권 = 주식 > 부동산

4. 생애 주기와 금융 생활의 설계

　1) **생애주기** : 아동기(학습, 자아정체성, 진로탐색) → 청년기(취업, 결혼) → 중·장년기(자녀양육,
　　　주택마련, 직업생활, 노후대비) → 노년기(은퇴이후 대비)

　2) **생애 주기별 금융 설계** : 생애 주기에 따른 단계적 과업을 설정하고 생애 주기별 과업을 바탕으
　　　로 재무 목표를 설정하여 목표 달성에 필요한 구체적인 계획을 세우는 과정

6 정의와 사회 불평등

① 정의의 의미와 실질적 기준

1. 정의의 의미와 역할

　1) **정의의 의미** : 공정하고 올바른 도리, 우리 모두가 추구해야할 기본적 덕목, 자기 몫을 분배받는 것

　2) **정의의 역할** : 국민의 기본권 보장, 사회통합의 기반마련, 옳고 그름의 판단기준 제시

2. 정의의 실질적 기준

　1) **정의의 실질적 기준** : 능력, 업적, 필요 등

　　① 능력 : 신체적, 정신적 능력에 따라 분배, 약자소외 유발, 사회불평등 심화

　　② 업적 : 사람들의 업적과 기여도에 따른 분배, 과열경쟁, 약자배려 부족

　　③ 필요 : 인간다운 삶을 보장하기 위해 기본 욕구를 충족하는 분배, 경제적 비효율성 증가, 모든 사람의 욕구를 만족할 수 없음

② 다양한 정의관

1. 자유주의적 정의관

　1) **의미** : 개인의 자유로운 선택, 소유권을 절대적인 가치로 인정, 타인에게 피해를 주지 않는 한, 자유를 최대한 보장하는 것이 효율적

　2) **단점** : 약자배려 부족, 운이나 우연에 의한 분배, 무관심, 이기주의적 이익추구, 공동선 약화

2. 공동체주의적 정의관

　1) **의미** : 개인은 공동체의 역사와 전통을 공유함, 공동체가 추구하는 가치를 존중함

　2) **단점** : 개인의 자유를 억압, 연고주의(혈연, 지연, 학연), 전체주의(나치즘, 파시즘 등) 등장 가능

3. 개인과 공동체의 관계

　1) **개인과 공동체의 조화** : 개인선의 실현은 자연스럽게 공동선의 실현으로 연결

③ 불평등의 해결과 정의의 실현

1. 사회 불평등 현상의 의미와 양상

  1) **의미** : 자원이 차등적으로 분배되어 구성원들의 위치가 서열화 되어 있는 상태

  2) **양상** : 계층의 양극화 현상, 공간불평등(도농격차, 수도권과 비수도권 간의 격차), 사회적 약자 차별

2. 정의로운 사회를 위한 다양한 제도와 실천 방안

  1) **사회복지제도** : 기본적 욕구 충족 및 정상적인 생활을 할 수 있도록 사회적으로 지원하는 제도

    ① 종류

      ㉠ 공공부조 : 어려운 사람들에게 국가가 최저의 생활을 보장, 본인부담 없음, 가입 없음

        예 기초수급제도

      ㉡ 사회보험 : 소득이 있는 국민에게 보험방식으로 위험을 미리 대비, 본인 부담 있음, 의무가입

        예 국민연금, 국민건강보험, 고용보험, 산업재해보상보험, 노인장기요양보험 등

      ㉢ 사회서비스 : 비금전적 지원

        예 복지시설이용, 직업소개, 직업훈련과 교육 등

  2) **공간 불평등의 완화(지역 격차 완화 정책)** : 공공기관 지방분산, 지방 혁신도시 개발, 지역브랜드 개발, 관광마을 조성, 공공임대 주택보급, 도시환경 정비 등

  3) **적극적 우대 조치** : 사회적 약자에게 실질적 기회의 평등을 보장하기 위해 혜택을 부여

    예 여성 고용 할당제, 장애인 의무 고용 제도

7 문화의 다양성

① 세계의 다양한 문화권

1. 문화권의 형성에 영향을 끼친 요인

  1) **문화와 문화권**

    ① 문화 : 인간이 만들어낸 의식주, 종교, 언어, 풍습 등의 총체적인 생활양식

    ② 문화권 : 문화적 특성이 유사하게 나타나는 범위

  2) **자연 환경** : 기후와 지형 등의 자연 환경은 의복, 음식, 주거 형태 등에 영향을 줌

  3) **인문 환경** : 종교, 산업 등의 인문 환경은 문화권 형성에 영향을 줌

2. 다양한 문화권의 특징

동부아시아 지역	유교, 불교, 한자, 젓가락, 벼농사(한국, 중국, 일본)
남부아시아 지역	민족, 언어, 종교 다양, 힌두교, 불교, 이슬람교, 카스트제도
북서부유럽 지역	게르만족, 개신교, 산업혁명발상지, 서안해양성기후, 혼합농업
남부유럽 지역	라틴족, 가톨릭교, 지중해성 기후, 수목농업, 관광업 발달
건조문화 지역	이슬람교, 아랍어, 유목과 오아시스 농업, 석유개발
앵글로아메리카 지역	영어사용, 개신교, 세계 경제의 중심, 세계적인 농축산물 수출 지역
라틴아메리카 지역	에스파냐, 포르투갈 식민지, 가톨릭, 혼혈민족, 잉카와 마야문명

<세계의 문화권 지도>

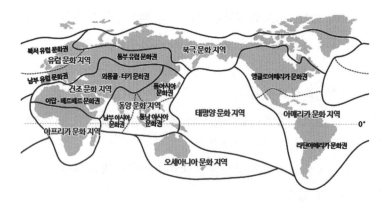

② 문화 변동과 전통 문화의 창조적 계승

1. 문화 변동

1) **의미** : 새로운 문화요소가 등장하거나 다른 문화와의 접촉을 통해 문화가 변화하는 현상

2) **변동 요인**

① 내재적 요인 : 발명, 발견

② 외재적 요인 : 직접전파, 간접전파, 자극전파

3) 문화접변의 양상

문화동화 (A+B=B)	① 의미 : 외부 문화 요소에 기존의 문화 요소가 완전히 흡수되어 소멸
	② 사례 : 아프리카 원주민이 기독교와 이슬람을 믿는 모습
문화병존 (A+B=A,B)	① 의미 : 기존의 문화와 전파된 문화가 각자 정체성을 유지하며 공존
	② 사례 : 우리나라 불교와 기독교의 공존
문화융합 (A+B=C)	① 의미 : 기존 문화와 전파된 문화가 결합하여 새로운 문화가 만들어짐
	② 사례 : 간다라 문화(그리스 + 불교), 밥버거, 돌침대 등

2. 전통문화의 의미와 계승

   1) **전통문화의 의미와 창조적 계승**

   ① 의미 : 과거에 형성되어 전승을 통해 오늘날까지 영향을 미치고 있는 고유한 생활양식

   　　　　예 한글, 김치, 불고기, 한복, 세시풍속

   ② 창조적 계승 : 전통문화의 정체성을 유지하면서 현실적 여건에 맞게 재해석 또는 재창조하

   　면서 계승하는 것

③ **문화 상대주의와 보편 윤리적 성찰**

1. 문화를 이해하는 태도

   1) **문화 상대주의** : 모든 문화는 나름의 가치 존재, 우열 없음, 특수성 인정, 역지사지

   2) **자문화 중심주의** : 자기 문화는 우월하나 다른 문화는 열등, 국제적 고립가능, 문화발전 어려움

   　(중국인의 중화사상, 흥선대원군의 통상수교거부 등)

   3) **문화 사대주의** : 다른 문화를 동경, 숭상하고 자기문화는 비하함, 문화의 주체성 상실(조선시대

   　선비들의 중화사상)

④ **다문화 사회와 문화적 다양성의 존중**

1. 다문화 사회의 이해

   1) **다문화 사회의 의미와 원인**

   ① 의미 : 다양한 인종, 민족, 종교, 문화를 가진 사람들이 함께 어우러져 살아가는 사회

   　　예 국제결혼 이민자, 외국인 근로자, 유학생, 북한이탈주민 등

2) 다문화 사회의 영향

① 긍정적 영향 : 노동력부족문제 해결, 문화발전 촉진, 문화선택 가능성 증가

② 부정적 영향 : 일자리 부족, 문화충돌, 외국인 차별과 편견, 외국인 범죄 증가

8 세계화와 평화

① 세계화의 양상과 문제의 해결

1. 세계화와 지역화

1) 세계화와 지역화

① 세계화 의미 : 상호 의존성 증가로 세계가 하나로 통합, 국가 간 경계를 넘나드는 문화, 자본, 정보 등의 증가

② 지역화 의미 : 지역의 생활양식이나 문화 등이 세계적 차원에서 가치를 지니게 되는 현상

③ 세계화와 지역화의 배경 : 교통과 통신의 발달

2. 세계화에 따른 공간적 경제적 변화

1) 세계도시 등장 : 경계를 넘어 세계적인 중심지 역할을 수행하는 도시(뉴욕, 런던 등)

2) 다국적 기업의 등장 : 국경을 넘어 세계적으로 생산과 판매 활동을 하는 기업, 본사는 본국의 대도시, 연구소는 선진국, 생산 공장은 개발도상국에 입지

3. 세계화에 따른 문제점과 해결 방안

1) 문제점 : 국가 간 빈부격차, 문화의 획일화, 국가자율성 침해 등

2) 해결 방안 : 공정무역 확대, 외래 문화의 비판적 수용, 국제 기구의 활성화 등

② 국제 사회의 모습과 평화의 중요성

1. 국제 사회의 성격과 행위 주체의 역할

1) 국제 사회의 성격 : 국제적 상호의존, 경쟁과 갈등 발생, 국제적 협력의 증가

2) 국제 사회의 행위 주체 : 국가(가장 기본), 국제기구, 비정부기구, 다국적 기업, 지방정부, 영향력 있는 유명인 등

2. 평화의 의미

   1) 소극적 평화(물리적 폭력이 없는 상태)

   2) 적극적 평화(물리적, 구조적 폭력이 없는 상태, 평등하고 자유롭고 행복을 느끼는 상태)

③ **남북 분단 및 동아시아 갈등과 국제 평화**

1. 남북 분단의 평화적 해결

   1) 남북 분단의 배경

     ① 국제적 배경 : 냉전체제 속 미국과 소련의 대립

     ② 국내적 배경 : 민족 내부의 응집력과 통일역량 부족

   2) 통일의 필요성 : 인도주의실현(이산가족문제해결), 민족동질성회복, 경제적 번영, 세계평화기여

2. 동아시아의 갈등

   1) 일본의 역사 인식 문제 : 일본의 독도 영유권 주장 문제, 식민지 침략 정당화 문제, 위안부 문제,
     강제징용배상문제, 야스쿠니 신사 참배 문제, 교과서 왜곡 문제 등

   2) 영토분쟁 : 쿠릴열도문제(러-일), 센카쿠문제(일-중, 대만), 시사군도문제(중-베), 난사군도문
     제(중-베, 말, 브, 필 등)

<남중국해의 영토 분쟁 지역 - 시사군도, 난사군도, 센카쿠열도>

9 미래와 지속가능한 삶

① 세계 인구와 인구 문제

1. 세계의 인구

  1) 세계의 인구 변화와 인구 분포 : 산업화 이후 생활수준의 향상, 의학 기술 발달 및 위생 시설 개선으로 인한 평균 수명의 연장으로 급격히 증가

  2) 인구 분포의 요인

    ① 인구 밀집 지역 : 온대 기후, 하천 및 해안 지역, 농업 발달 지역, 공업 발달 지역, 선진국 등

    ② 인구 희박 지역 : 건조 기후와 한대 기후 지역, 산악 지대

  3) 선진국과 개발도상국의 인구 구조와 세계 인구 이동

    ① 선진국과 개발도상국의 인구 구조 비교

구분	선진국	개발도상국
출생률	낮다	높다
유소년층 인구 비중	낮다	높다
노년층 인구 비중	높다	낮다

    ② 세계의 인구 이동

      ㉠ 경제적 이동 : 개발도상국에서 임금 수준 높고 일자리가 많은 선진국으로 이동, 최근 경향

      ㉡ 정치적 이동 : 전쟁이나 분쟁 등을 피하기 위한 이동 **예** 시리아, 아프가니스탄 난민이동

2. 세계의 인구 문제와 해결 방안

  1) 세계의 인구 문제와 해결책

개발도상국	주요 문제 : 인구과잉, 대도시의 인구 집중
	해결책 : 경제발전, 식량증산, 출산억제정책, 촌락생활환경개선 등
선진국	주요 문제 : 저출산, 고령화
	저출산 해결책 : 출산, 양육비용 지원, 출산휴가, 보육시설 확충 등 고령화 해결책 : 노인일자리 확대, 정년연장, 노인복지정책정비 등

<고령화 기준>

고령화 사회	전체인구 중 65세 이상 인구 비율 7%이상
고령 사회	전체인구 중 65세 이상 인구 비율 14%이상
초고령 사회	전체인구 중 65세 이상 인구 비율 20%이상

② 세계의 자원과 지속가능한 발전

1. 세계의 자원

　1) **자원의 의미** : 가치가 있고 개발이 가능한 것

　2) **자원의 특성** : 유한성, 가변성, 편재성

　3) **주요 에너지 자원의 종류와 특징**

　　① 석탄 : 산업혁명 시기 수요 증가, 고생대 지층, 무연탄과 역청탄 등을 화력발전과 제철에 사용, 사용량 감소와 광범위한 분포로 국제적 이동 적음

　　② 석유 : 내연기관의 발명으로 사용량 증가, 신생대 지층, 페르시아만에 60% 분포, 가장 사용량이 많은 에너지, OPEC에서 생산량 조절, 국제적 이동 많음(사용량이 많고 편재성이 크기 때문)

　　③ 천연가스 : 냉동 액화 → 사용 증가, 청정에너지, 국제적 이동 증가

2. 지속 가능한 발전의 의미와 노력

　1) **의미** : 미래세대가 그들의 필요를 충족시킬 가능성을 손상시키지 않는 범위에서 현재 세대의 성장을 추구하는 발전

　2) **노력** : 신재생 에너지의 보급 확대, 윤리적 소비, 자원 절약 및 물건 재활용, 로컬푸드 구매, 공정무역 등

과 학

1 지구 시스템

① 지구 시스템의 구성요소

1. 지구 시스템

　1) 지구는 물이 액체로 존재하는 생명가능 지대에 속해 있어 수많은 생명체가 있다.

　2) 지구는 지권, 기권, 수권, 생물권, 외권으로 이루어져 끊임없이 상호 작용을 한다.

2. 지구 시스템의 구성

　1) 지권

　　① 지권의 범위 : 지구 표면과 층상 구조인 지구 내부를 포함한 깊이 6400km 영역

　　② 지권의 분류

　　　㉠ 지각 : 가벼운 화강암질 암석으로 된 대륙 지각(약 35km)과 더 무거운 현무암질 암석으로 된 해양 지각(약 5km)으로 이루어져 있다.

　　　㉡ 맨틀 : 지구 부피의 83%를 차지하고, 밀도가 큰 감람암질 암석으로 되어 있으며 하층부는 반유동성의 액체로 맨틀의 대류가 일어나 지진 화산 활동 등을 일으킨다.

　　　㉢ 핵 : 철과 니켈이 주성분으로 밀도가 가장 크며, 고압에 의한 고체인 내핵과, 고온으로 인한 액체인 외핵으로 구성되어 있으며, 외핵의 대류로 인해 지구 자기장이 형성된다. 지구 자기장은 태양에서 오는 방사선 입자를 막아 준다.

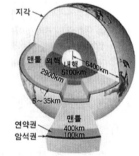

▲ 지권의 내부 구조

　　③ 지권의 역할 : 생물체에게 필요한 물질을 공급하고 서식공간을 제공한다.

　2) 수권

　　① 해수 : 지구상 전체 수권의 97.2%

　　② 육수 : 나머지 약 2.8%, 대부분 빙하 형태로 존재

　　　해수 > 빙하 > 지하수 > 강, 호수 > 수증기

　　③ 해수의 깊이에 따른 수온 분포

　　　㉠ 혼합층 : 태양 복사 에너지를 흡수하여 수온이 높고, 바람의 혼합 작용으로 수온이 일정하며, 바람이 강할수록 두껍게 발달한다.

ⓛ 수온 약층 : 수심이 깊어질수록 수온이 급격히 낮아지는 층으로 대류가 일어나지 않아 안정하며, 혼합층과 심해층 사이의 물질과 에너지 교환을 차단한다.

ⓒ 심해층 : 빛이 도달하지 않아 수온이 낮고, 위도나 계절에 따른 수온 변화가 거의 없는 층이다.

④ 수권의 역할 : 태양 에너지를 저장하고, 열에너지 수송에 관여하며, 기상 현상을 일으키고, 지구 온도를 일정하게 유지하는 역할을 한다.

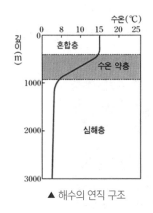

▲ 해수의 연직 구조

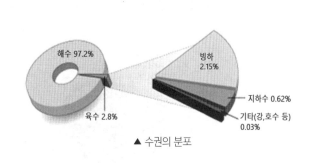

▲ 수권의 분포

3) 기권

① 기권의 분포 : 지구를 둘러싼 대기의 층으로 지표에서 약 1000km까지

② 기권의 구분 : 높이에 따른 기온 변화를 기준으로 구분

　ⓗ 대류권 : 지표면 ~ 높이 약 10km

　　· 대기권에 분포하는 전체 공기의 약 75%가 존재한다.

　　· 높이 올라갈수록 기온이 낮아진다.

　　· 공기의 대류로 인해 구름, 비, 눈, 바람 등의 기상 현상이 일어난다.

　ⓛ 성층권 : 높이 약 10 ~ 50km

　　· 높이 올라갈수록 기온이 높아진다.

　　· 높이 20 ~ 35km에 오존층이 있어 자외선을 흡수한다.

　　· 대류 현상이 없어 안정한 층을 이루며, 비행기의 항로로 이용된다.

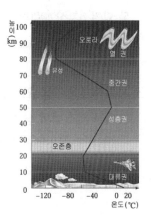

ⓒ 중간권 : 높이 약 50 ~ 80km

· 높이 올라갈수록 기온이 낮아지며, 높이 80km에서 기온이 가장 낮다.

· 대류 현상은 있지만, 수증기가 없어 기상 현상은 일어나지 않는다.

· 유성이 관측된다.

ⓔ 열권 : 높이 약 80km 이상

· 공기가 매우 희박, 태양 복사 에너지를 직접 흡수, 높이 올라갈수록 기온이 올라간다.

· 대기가 거의 없어 밤낮의 기온차가 심하며, 오로라가 나타난다.

③ 대기권의 역할 : 온실 효과로 지구 보온, 오존층의 자외선 차단, 생물체에 CO_2와 산소를 공급한다.

▲ 기권의 대기 조성

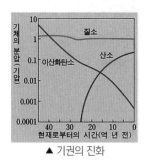

▲ 기권의 진화

4) 생물권

① 생명의 탄생 : 해양에서 유해 자외선 차단으로 생태계가 형성되었고, 현재는 지권, 수권, 기권에 넓게 분포한다.

② 생물의 진화 : 대기 중의 산소 축적으로 오존층이 형성, 태양의 유해 자외선을 차단함으로써 육상 생물이 번성하게 되었다.

5) **외권** : 지상 1000km 이상 기권 밖을 말하며, 그 중 자기권은 태양의 고에너지 입자를 차단하여 지구 생물체를 보호한다.

3. 지구 시스템 구성 요소의 상호 작용

1) **지구 시스템의 상호 작용**

① 지구 시스템의 구성 요소들은 끊임없이 상호 작용을 하고 있다.

② 하나의 구성 요소에 변화가 생기면 다른 요소도 영향을 받으면서 상호 균형을 이룬다.

2) 지구 시스템 구성 요소 간의 상호 작용

  ① 지권 – 기권 : 화산 활동시 기체 방출, 대기에 의한
    풍화 침식

  ② 지권 – 수권 : 쓰나미 발생, 석회동굴의 형성

  ③ 수권 – 기권 : 수증기 증발, 태풍 발생

  ④ 생물권 – 기권 : 광합성으로 대기 조성 변화

  ⑤ 생물권 – 지권 : 식물 뿌리에 의한 풍화·침식

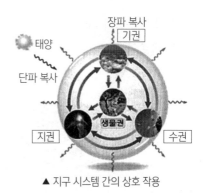

▲ 지구 시스템 간의 상호 작용

2 생명 시스템

① 생명 시스템의 기본 단위

1. 생명 시스템과 세포

  1) **생명 시스템** : 생물의 개체는 다양한 세포가 서로 유기적으로 조직되어 상호 작용을 하는 생명
  시스템이다.

  2) **생명 시스템의 구성 단계**

    세포 → 조직 → 기관 → 개체

구성 단계	특징
세포	생명 시스템의 구조적, 기능적 단위
조직	모양과 기능이 비슷한 세포들의 모임
기관	여러 조직이 모여 고유한 형태와 기능을 유지
개체	여러 기관이 모여 독립적인 생명 활동을 하는 생명체

  3) **동물과 식물의 구성 단계**

    ① 동물 : 세포 → 조직 → 기관 → 기관계 → 개체

세포   조직   기관   기관계 개체

    ② 식물 : 세포 → 조직 → 조직계 → 기관 → 개체

2. 세포의 구조와 기능

1) 세포의 구조

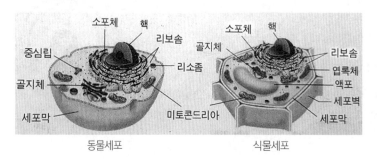

소포체 핵
중심립 리보솜
골지체 리소좀
세포막 미토콘드리아
동물세포

소포체 핵
골지체 리보솜
엽록체
액포
세포벽
세포막
식물세포

2) 세포의 기능

① 핵 : DNA가 유전 정보를 저장, 세포의 생명활동을 조절한다.

② 리보솜 : DNA의 유전 정보에 따라 단백질을 합성한다.

③ 소포체 : 리보솜에서 합성한 단백질을 골지체나 다른 곳으로 운반한다.

④ 골지체 : 소포체에서 전달받은 단백질을 막으로 싸서 세포 밖으로 분비한다.

⑤ 세포막 : 세포를 둘러싸는 막으로, 세포 안팎으로 물질의 출입을 조절한다.

⑥ 엽록체 : 광합성을 하는 장소로, 빛에너지를 흡수하여 포도당을 합성한다.

⑦ 미토콘드리아 : 세포 호흡이 일어나는 장소로 포도당을 분해하여 에너지를 생성한다.

⑧ 세포벽 : 식물 세포에서 세포막 바깥을 둘러싸며, 세포의 모양 유지 및 세포를 보호한다.

⑨ 액포 : 물, 색소, 노폐물 등을 저장하며, 성숙한 식물 세포에서 크게 발달한다.

3. 세포막의 기능

1) 세포막의 구조

① 세포막의 주성분 : 인지질, 단백질

② 세포막의 구조 : 인지질 2중층에 단백질이 파묻혀 있거나 관통하고 있는 구조이다.

③ 인지질은 친수성인 머리 부분이 물이 많은 세포의 안쪽과 바깥쪽을 향하고, 소수성인 꼬리 부분이 서로 마주보며 2중층을 이룬다.

④ 세포막은 유동성이 있어 인지질의 움직임에 따라 단백질의 위치가 바뀐다.

2) 세포막을 통한 물질의 출입 : 세포막은 물질의 종류에 따라 선택적 투과성을 나타낸다.

① 확산 : 세포막을 경계로 농도가 높은 쪽에서 낮은 쪽으로 분자가 이동하는 현상

ㄱ 인지질 2중층을 통한 확산 : 분자 크기가 작은 기체인 산소, 이산화탄소, 지용성 물질

   예 폐포와 모세 혈관 사이의 O_2와 CO_2의 교환

ㄴ 막 단백질을 통한 확산 : 전하를 띠는 이온, 분자 크기가 큰 포도당, 아미노산, 수용성 물질

   예 혈액 속의 포도당이 조직 세포로 확산

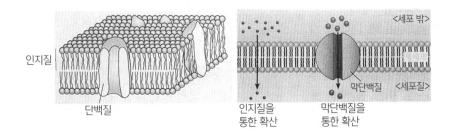

② 삼투 : 세포막을 경계로 농도가 낮은 쪽에서 높은 쪽으로 물이 이동하는 현상

  ㄱ 콩팥의 세뇨관에서 모세혈관으로 물의 재흡수

  ㄴ 식물의 토양에서 뿌리털을 통한 물의 흡수

  ㄷ 삼투에 의한 적혈구의 모양 변화

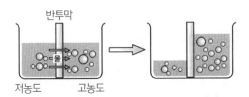

고장액	등장액	저장액
5%식염수	0.9%식염수	0.5%식염수
적혈구가 수축됨	변화 없음	적혈구가 팽창

③ 선택적 투과성의 중요성 : 세포가 생명 활동을 수행하려면 외부로부터 물질을 공급받고, 내부의 노폐물을 배출해야 한다. 이 때 세포막이 세포 안팎으로의 물질 출입을 선택적으로 조절해 주므로 세포 안쪽 환경이 일정하게 유지되어 생명 활동이 원활하게 수행된다.

② 물질대사와 생체 촉매(효소)

1. 물질대사와 반응

  1) 물질대사

    ① 생명 유지를 위해 생물체 내에서 일어나는 모든 화학 반응

    ② 동화 작용과 이화 작용이 있으며, 에너지가 출입한다.

    ③ 물질 대사에는 반응을 빠르게 도와주는 생체 촉매(효소)가 관여한다.

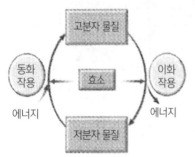

▲ 동화 작용과 이화 작용

동화 작용	이화 작용
물질의 합성 반응	물질의 분해 반응
흡열 반응	발열 반응
효소 관여	효소 관여
광합성, 단백질 합성	세포 호흡, 소화

$$CO_2 \ + \ H_2O \ \underset{\text{세포 호흡, 열E}}{\overset{\text{광합성, 빛E}}{\rightleftarrows}} \ C_6H_{12}O_6 \ + \ O_2$$

  2) 물질대사 중 하나인 세포 호흡과 연소의 비교

구분	세포 호흡	연소
반응 온도	체온 범위(37℃)	고온(400℃ 이상)
반응 단계	반응이 여러 단계에 걸쳐 진행	반응이 한 번에 진행
에너지 출입	에너지 방출(열에너지)	에너지 방출(열, 빛에너지)
촉매 여부	효소가 관여함	관여하지 않음

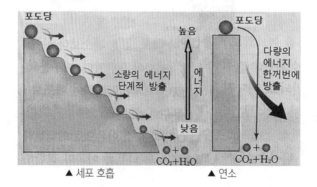

▲ 세포 호흡   ▲ 연소

2. 생체 촉매(효소)의 작용

1) 생체 촉매(효소) : 생체 내에서 물질대사를 촉진하며, 효소라고도 한다.

2) 효소의 기능

① 효소의 주성분 : 단백질

② 활성화 에너지를 감소시켜, 체온 범위에서도 반응속도를 증가시켜 준다.

※ 활성화 에너지 : 화학 반응이 일어나기 위해 필요한 최소한의 에너지

③ 반응열은 반응물과 생성물의 에너지 차이이므로 효소의 사용 여부에 관계없이 일정하다.

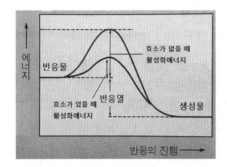

3) 효소의 특성과 작용 원리

① 기질 특이성 : 한 종류의 효소는 입체 구조가 맞는 한 종류의 반응물(기질)에만 작용한다.

　　예 아밀레이스는 녹말은 분해하지만 단백질이나 지방은 분해하지 못한다.

② 효소는 반응 후에도 변하지 않으므로 반복하여 재사용할 수 있다.

③ 효소도 단백질이므로 온도가 높으면 변성되어 그 기능을 잃는다.

④ 탐구 : 과산화수소는 물과 산소로 분해되는데, 감자 즙이나 생간을 넣으면, 카탈레이스가 반응을 빠르게 촉매 작용을 한다. 그러나 삶은 간은 그 기능을 수행하지 못한다.

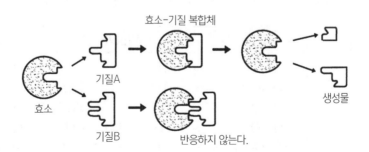

4) 우리 몸에서 효소의 작용 예

   ① 음식물 속의 영양소는 소화 효소에 의해 분해되어 몸속으로 흡수된다.

   ② 상처가 났을 때 혈액 응고 효소의 작용으로 출혈이 멈춘다.

   ③ 근육, 뼈 등 몸의 구성 성분을 합성하는 데도 효소가 관여한다.

5) 효소의 이용

구분	이용 예
일상 생활	식혜 : 엿기름에 들어있는 아밀레이스 효소 이용 발효식품 : 빵, 김치, 된장, 치즈 등 연육제 : 배나 키위 속의 단백질 분해 효소 이용 생활용품 : 효소를 이용한 세제, 치약, 화장품

의약분야	의약품 : 소화 효소를 이용한 소화제
	       혈전 용해 효소를 이용한 혈전 용해제
	의료기기 : 포도당 산화 효소를 이용한 요 검사지
	       포도당 산화 효소를 이용한 혈당 측정기

환경분야	효소를 이용해 옥수수, 사탕수수를 분해하여 바이오 연료 생산, 효소를 이용한 생활 하수, 공장 폐수 정화
산업분야	포도주 제조, 인공 감미료 생산, 유전자 재조합의 제한효소나 연결효소

3 산과 염기

1 산과 염기

1. 산의 성질

   1) 산 : 물에 녹아 이온화하여 수소 이온(H^+)을 내놓는 물질

   2) 산의 이온화

산		이온화			이온화도
HCl	$\longrightarrow$	H^+	$+$	Cl^-	0.92
HNO_3	$\longrightarrow$	H^+	$+$	NO_3^-	0.92
H_2SO_4	$\longrightarrow$	$2H^+$	$+$	SO_4^{2-}	0.52
H_2CO_3	$\longrightarrow$	$2H^+$	$+$	CO_3^{2-}	0.0017
CH_3COOH	$\longrightarrow$	H^+	$+$	CH_3COO^-	0.013
		공통성		특이성	

3) **산의 공통 성질(산성)** : 수소 이온(H^+)이 공통이기 때문!

　① 수용액은 신맛이 난다.

　② 수용액은 전류를 흐르게 하는 전해질이다.

　③ 금속과 반응하여 수소(H_2) 기체를 발생시킨다.

$$Mg \ + \ 2HCl \ \rightarrow \ MgCl_2 \ + \ H_2\uparrow$$

　④ 달걀(조개) 껍데기, 석회석, 대리석의 주성분인 탄산칼슘($CaCO_3$)과 반응하여 이산화탄소를
　　발생시킨다.

$$CaCO_3 \ + \ 2HCl \ \rightarrow \ CaCl_2 \ + \ CO_2 \ + \ H_2O$$

　⑤ 지시약을 변색시킨다.

질산칼륨 수용액에 적신
푸른색 리트머스 종이
(−)극　　　　　　(+)극

묽은 염산을 적신 실　　실　　플라스틱 판

▲ H^+의 (−)극으로의 이동 실험

수소(H_2) 기체

Mg 금속

묽은 염산　　아세트산 수용액

4) **우리 주변의 산성 물질**

주변의 산성 물질	과일(레몬)	식초	탄산 음료	김치, 유산균 음료	진통제
포함된 산	시트르산	아세트산	탄산	젖산	아세틸살리실산

5) **산의 특이성** : 산이 내놓는 음이온이 서로 다르기 때문이다.

2. 염기의 성질

　1) **염기** : 물에 녹아 이온화하여 수산화 이온(OH^-)을 내놓는 물질

　2) **염기의 이온화**

염기	이온화			이온화도
NaOH	$\longrightarrow$　Na^+	+	OH^-	0.91
KOH	$\longrightarrow$　K^+	+	OH^-	0.91
$Ca(OH)_2$	$\longrightarrow$　Ca^{2+}	+	$2OH^-$	0.90
NH_4OH	$\longrightarrow$　NH_4^+	+	OH^-	0.013
	특이성		공통성	

3) **염기의 공통적 성질(염기성)** : 수산화 이온(OH^-)이 공통이기 때문!

① 수용액은 쓴맛이 난다.

② 수용액은 전류를 흐르게 하는 전해질이다.

③ 금속이나 탄산칼슘과 반응하지 않는다.

④ 단백질을 녹이므로 손에 묻으면 미끈거린다.

⑤ 지시약을 변색시킨다.

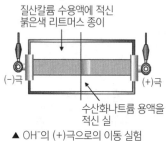

질산칼륨 수용액에 적신
붉은색 리트머스 종이

(-)극   (+)극

수산화나트륨 용액을
적신 실

▲ OH^-의 (+)극으로의 이동 실험

탄소 막대

염기 수용액

4) **우리 주변의 염기성 물질**

주변의 염기성 물질	비누, 하수구세정제, 유리세정제	베이킹소다	제산제	치약
포함된 염기	수산화나트륨	탄산수소나트륨	수산화마그네슘	탄산나트륨

5) **염기의 특이성** : 염기가 내놓는 양이온이 서로 다르기 때문이다.

3. **산과 염기의 세기**

1) **강산(강염기)** : 수용액에서 대부분 이온화되어 H^+ (OH^-)를 많이 내는 산(염기)

· 강산 : HCl, H_2SO_4, HNO_3

· 강염기 : $NaOH$, KOH, $Ca(OH)_2$

2) **약산(약염기)** : 수용액에서 일부만 이온화되어 H^+ (OH^-)를 적게 내는 산(염기)

· 약산 : CH_3COOH, H_2CO_3

· 약염기 : NH_4OH, $Mg(OH)_2$

② 산과 염기의 구별

1. 지시약 : 수용액의 액성을 판단할 때 사용하는 물질

지시약	산성	중성	염기성
리트머스 종이	붉은색	–	푸른색
메틸오렌지 용액	붉은색	주황색	노란색
페놀프탈레인 용액	무색	무색	붉은색
BTB 용액	노란색	녹색	푸른색

2. 천연 지시약 : 자주색 양배추, 붉은색 장미꽃, 포도 껍질, 검은콩 등에서 추출한 용액

3. pH : 수용액에 들어있는 H^+ 농도를 간단한 수치로 나타낸 값

· pH < 7 : 산성   · pH = 7 : 중성   · pH > 7 : 염기성

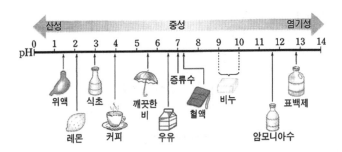

③ 중화 반응

1. 중화 반응 : 산과 염기가 반응하여 염과 물을 생성하는 반응으로 발열 반응이다.

산 + 염기 → 염 + 물 + 열

2. 중화 반응식 : 산의 H^+ 이온과 염기의 OH^- 이온이 1 : 1 로 반응한다.

예 $HCl + NaOH → NaCl + H_2O$

알짜 반응식 : $H^+ + OH^- → H_2O$

1) 혼합 용액의 액성 파악하기

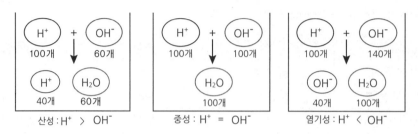

산성 : H^+ > OH^- 중성 : H^+ = OH^- 염기성 : H^+ < OH^-

2) 중화점 찾기

예 산성 용액에 BTB 지시약을 넣었다면, 노란색이 녹색으로 변하는 순간에 염기를 가하는 것을 멈춘다. 이때가 중화점이다.

3. 중화열 : 중화 반응은 발열 반응이므로 열이 발생한다.

1) 반응하는 산의 H^+와 염기의 OH^- 수가 많을수록 열이 많이 난다.

2) 완전 중화 되었을 때(중화점)가 가장 많은 열이 난다.

$$HCl \ + \ NaOH \ \rightarrow \ NaCl \ + \ H_2O$$

온도계

묽은
염산

스티로폼
컵

수산화
나트륨
수용액

온도

A

| 염산(mL) | 0 | 5 | 10 | 15 | 20 |
| 수산화나트륨(mL) | 20 | 15 | 10 | 5 | 0 |

4. 중화 반응의 이용

1) 개미나 벌에 쏘였을 때 암모니아수(NH_4OH)를 바른다.

2) 위산($pH=2$) 과다에 제산제를 복용한다.

3) 산성 토양의 중화에 석회 가루를 뿌린다.

4) 생선 비린내 제거에 레몬즙을 뿌린다.

5) 공장의 이산화황 배기가스를 산화칼슘으로 중화시킨다.

6) 비누로 머리 감았을 때, 식초 한 두 방울 탄물로 헹군다.

7) 신 김치에 베이킹소다를 넣어 중화시킨다.

8) 식사 후에 입안에 생기는 산성 물질을 치약으로 양치질한다.

4 에너지의 효율적 이용

① 에너지 전환과 보존

1. 여러 가지 형태의 에너지

   1) 에너지의 정의 : 일을 할 수 있는 능력

   2) 에너지의 종류

   ① 퍼텐셜 에너지 : 높은 곳에 있는 물체가 가지는 에너지

   ② 운동 에너지 : 운동하는 물체가 가지는 에너지

   ③ 역학적 에너지 = 퍼텐셜 에너지 + 운동 에너지

   ④ 그외, 화학 에너지, 전기 에너지, 핵에너지, 열에너지, 빛에너지, 파동 에너지 등

   3) 에너지의 전환

전등	전기 E → 빛 E	전열기	전기 E → 열 E
전동기	전기 E → 역학적(운동) E	TV	전기 E → 빛 E, 소리 E
라디오	전기 E → 소리 E	발전기	역학적(운동) E → 전기 E
건전지	화학 E → 전기 E	태양전지	빛 E → 전기 E
광합성	빛 E → 화학 E	반딧불이	화학 E → 빛 E
자동차	화학 E → 역학적(운동) E	연소	화학 E → 열 E

   4) 휴대 전화의 에너지 전환

배터리 충전	전기 E → 화학 E	배터리 사용	화학 E → 전기 E
화면(손전등)	전기 E → 빛 E	스피커	전기 E → 소리 E
진동	전기 E → 역학적(운동) E	발열	전기 E → 열 E

2. 에너지 보존의 법칙과 에너지 절약

   1) 에너지 보존의 법칙 : 한 에너지가 다른 형태의 에너지로 전환되더라도 에너지는 새로 생기거나 없어지지 않으며, 그 총량은 항상 일정하게 유지된다는 법칙이다.

   2) 에너지 절약의 이유(에너지의 방향성)

     · 에너지의 총량은 일정하게 유지되지만 에너지를 사용할수록 다시 사용하기 어려운 열에너지의 형태로 전환되므로, 사용 가능한 유용한 에너지의 양은 점점 줄어든다.

     결국 에너지는 최종적으로 열에너지 형태로 전환되므로 에너지를 절약하고, 효율적으로 사용해야 한다.

② 에너지의 효율적 이용

1. 열기관과 에너지 효율

   1) 열기관 : 열에너지를 일(운동 에너지)로 전환하는 장치이다.

     ① 내연 기관 : 기관의 내부에서 연료를 연소시켜 동력을 얻는 장치

       예 자동차 엔진, 로켓 기관, 제트 엔진

     ② 외연 기관 : 기관의 외부에서 연료를 연소시켜 동력을 얻는 장치

       예 증기 기관, 증기 터빈

   2) 에너지 효율

$$에너지\ 효율(\%) = \frac{유용하게\ 사용된\ 에너지의\ 양}{공급한\ 에너지의\ 양} \times 100$$

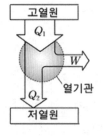

Q_1 : 공급 에너지
W : 열기관이 한 일
Q_2 : 손실 에너지

① 에너지 효율 $= \dfrac{W}{Q_1} \times 100 = \dfrac{Q_1 - Q_2}{Q_1} \times 100$

② W가 클수록, Q_2가 적을수록 효율이 좋은 열기관이다.

③ $Q_2 = 0$인 열기관을 영구기관이라 하는데, 만들 수 없다.

　※ 제1종 영구기관 : 외부로부터 에너지 공급 없이도 계속 일을 할 수 있는 기관

　※ 제2종 영구기관 : 열효율이 100%인 영구 기관

3) 에너지 효율을 높이기 위한 방법

① 조명기구 : 백열전구나 형광등을 LED전구로 교체한다.

② 주택 : 단열재나 이중창을 설치한다.

③ 하이브리드 자동차 : 엔진, 배터리, 전기모터를 함께 사용하므로 운행 중 버려지는 에너지를
　전기 에너지로 전환하여 다시 사용하므로 에너지 효율이 높다.

④ 에너지 제로 하우스 : 외부에서 에너지 공급을 받지 않고도 생활할 수 있는 에너지 자립 건물

　※ 패시브 기술 : 첨단 단열 공법으로 에너지 낭비를 최소화하는 기술

　※ 액티브 기술 : 필요한 에너지를 태양열, 태양광, 풍력, 지열 등으로 해결하여 사용

⑤ 에너지 소비 효율이 높은 1등급의 제품을 사용한다.

1. 우리 역사의 흐름

1) 선사 시대

① 구석기 시대 : 뗀석기 사용, 이동생활

▲ 주먹도끼

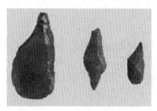

▲ 슴베찌르개

② 신석기 시대 : 농경의 시작, 정착생활, 빗살무늬 토기

▲ 빗살무늬 토기

▲ 움집

③ 청동기 시대 : 계급사회, 고인돌, 비파형 동검, 사유재산제, 국가의 형성(고조선)

▲ 비파형 동검

▲ (북방식)고인돌

▲ 미송리식 토기

④ 철기 시대 : 중국과 교류, 부족연맹체 국가(부여, 고구려, 옥저, 동예, 삼한)

2) 고대 국가

① 삼국시대

　㉠ 고구려 : 주몽, 광개토대왕, 장수왕

　㉡ 백제 : 온조, 근초고왕, 성왕

ⓒ 신라 : 박혁거세, 내물왕, 진흥왕

ⓔ 가야 : 김수로(금관가야)

<삼국의 발전 과정>

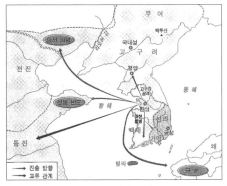
▲ 4세기 백제의 발전

▲ 5세기 고구려 전성기의 세력 판도

▲ 신라 진흥왕 때의 영토 확장

② 남북국 시대

ⓐ 통일신라 : 태종 무열왕

▲ 불국사 3층 석탑

▲ 석굴암의 본존불

ⓑ 발해 : 대조영, 해동성국

▲ 이불병좌상

▲ 돌사자상

3) **고려** : 지배세력 변천

① 호족

ㄱ 고려 건국

ㄴ 태조(정략적 혼인정책; 호족 세력 융합)

ㄷ 광종(노비안검법, 과거제; 호족세력 억압)

② 문벌귀족

ㄱ 음서와 공음전 등으로 특권 향유

ㄴ 거란(서희의 강동 6주, 강감찬의 귀주대첩)

ㄷ 여진(윤관, 별무반, 동북 9성)

③ 무신정권

ㄱ 하층민의 봉기(망이·망소이의 난, 만적의 난)

ㄴ 몽골 항쟁(강화도 천도, 팔만대장경, 삼별초 항쟁)

④ 권문세족 : 원 간섭기, 공민왕의 반원정책

⑤ 신진사대부 : 조선 건국

▲ 청자칠보투각향로　　▲ 운학문매병(상감청자)　　▲ 직지심체요절

▲ 팔만대장경

4) 조선

① 조선전기
    ㉠ 민족문화 발달(세종)
    ㉡ 사림 성장(서원, 향약)
② 양난 : 임진왜란(이순신), 병자
    호란(남한산성 항전)
③ 조선후기
    ㉠ 탕평책(영조, 정조)
    ㉡ 세도정치(특정 가문의 권력 독점)

▲ 측우기

▲ 자격루

5) 근대 사회

① 근대 문물 수용
    ㉠ 흥선 대원군의 통상수교 거부 정책
    ㉡ 강화도 조약, 개화정책 추진
    ㉢ 동학 농민 운동, 갑오개혁

동학 농민의 주요 주장(폐정개혁 12조)
- 노비문서 소각한다.
- 백정이 쓰는 평량갓을 없애라.
- 과부의 재혼을 허가하라.
- 왜와 통하는 자는 엄중히 징벌한다.
- 토지는 균등히 나누어 경작한다.

갑오개혁 1차
- 정치 : 왕실과 국정 사무 분리, 과거제 폐지
- 경제 : 재정일원화(탁지부), 은본위 화폐 제도, 도량형 통일, 조세 금납화
- 사회 : 신분제 폐지, 조혼 금지, 과부 재가 허용, 고문과 연좌법 폐지

    ㉣ 대한제국 : 광무개혁, 을사늑약, 강제적 한일병합

② 일제 강점기

ㄱ 1910년대 : 무단통치(헌병경찰제, 기본권 박탈)

ㄴ 1920년대 : 문화통치(기만적 민족 분열책)

ㄷ 1930년대 : 민족말살통치(전쟁에 인적, 물적 자원 동원)

6) 현대 사회

① 광복과 대한민국 정부 수립

② 대한민국 발전

2. 조선 후기 경제 발달

1) 농업 : 이앙법(모내기)

① 이앙법의 전국적 확대 → 노동력 경감 → 이모작, 광작 → 소득 증대 → 부농층 출현

② 농민의 계층 분화 : 부농층, 자소작농, 소작농, 임노동자

③ 구황작물 : 고구마, 감자

④ 상품작물 재배 : 인삼, 담배, 생강, 마늘 등

2) 상품 화폐 경제 발달

① 사상의 대두

ㄱ 금난전권 폐지 : 자유상인 활동 활발

ㄴ 개성상인(송상) : 인삼 재배·판매, 대외무역 관여

ㄷ 경강상인 : 한강중심 활동, 미곡·어물·소금 판매

ㄹ 공인 → 도고(독점적 도매상인) 성장

② 장시 발달 : 보부상 – 하나의 유통망으로 연계

③ 포구 거래 상인 : 객주·여각 – 숙박, 상품 매매·중개, 운송, 보관, 금융

④ 무역 발달

ㄱ 만상(의주상인) : 청과 무역

ㄴ 내상(동래상인) : 일본과 무역

⑤ 화폐 유통

ㄱ 상평통보 전국적 유통

ㄴ 전황(동전 부족 현상)

앞면　　　　뒷면　주전소 표시

부호　　　　부호 표시

숫자 표시

▲ 상평통보

3. 조선 후기 수취체제 개혁

    1) **영정법(인조)** : 전세의 정액화

        ① 배경 : 연분 9등법의 공법 문란

        ② 영정법 시행(1635; 인조) : 풍흉에 관계없이 1결당 쌀 4~6두로 고정

    2) **대동법(광해군 시작)** : 공납의 전세화

        ① 배경 : 방납의 폐단, 농민의 토지 이탈

        ② 내용

            ㉠ 토지 1결당 쌀 12두, 삼베나 면포, 동전으로 납부

            ㉡ 광해군 때 경기도를 시작으로 숙종 때 전국적 확대

            ㉢ 지주와 방납업자의 반발이 심해 전국적 확대에 100년 소요

        ③ 대동법의 영향

            ㉠ 공인의 등장, 상공업 발달, 상품화폐 경제 발달

            ㉡ 농민의 부담 감소

    3) **균역법(영조)** : 군역의 개혁

        ① 배경 : 무리한 군포 징수(백골징포, 황구첨정, 인징, 족징 등)

        ② 내용

            ㉠ 군포를 1년에 2필에서 1필로 줄임

            ㉡ 결작(1결당 쌀 2두), 선무군관포, 어장세, 선박세, 소금세 등 보충

4. 조선 후기 문화의 새 기운

    1) **실학의 발달**

        ① 실학의 등장

            ㉠ 조선후기 사회 모순을 해결하려한 사회 개혁론

            ㉡ 실증적, 민족적, 근대 지향적 성격의 학문

        ② 농업 중심의 사회개혁 : 중농학파

            ㉠ 토지개혁을 통한 자영농 육성

            ㉡ 대표적 학자

	토지제도	내용	저서
유형원	균전론	양반문벌, 노비제 비판	반계수록
이익	한전론	6좀론, 폐전론	성호사설
정약용	여전론	실학의 집대성, 거중기, 배다리 설계	목민심서 경세유표

③ 상공업 중심 개혁론 : 중상학파, 북학파

　　㉠ 상공업 진흥, 외국과 교역 확대, 부국강병

　　㉡ 대표적 학자

	주장 내용	저서
유수원	직업적 평등화, 전문화	우서
홍대용	기술혁신, 지전설(중국 중심 탈피)	임하경륜
박지원	수레·선박 이용, 양반 문벌 비판	열하일기, 양반전, 허생전
박제가	수레·선박 이용, 청과 통상, 생산 자극 위한 소비 강조(우물론)	북학의

2) 서민 문화와 회화

① 서민 문화의 발달

　　㉠ 배경 : 경제력 향상, 서당 보급

　　㉡ 특징 : 사회 부정·비리 폭로, 양반 위선 비판, 인간의 감정을 솔직하게 표현

　　㉢ 종류 : 한글소설, 사설시조, 판소리, 탈놀이, 민화

② 회화

　　㉠ 진경산수화 : 겸재 정선(인왕제색도, 금강전도)

　　㉡ 풍속화

　　　· 김홍도 : 서민들의 모습, 익살스런 표현

　　　· 신윤복 : 여인과 양반의 풍류

　　㉢ 민화 : 서민들의 기원

▲ 정선의 인왕제색도

▲ 신윤복의 선유도

▲ 김홍도의 씨름도

▲ 민화(까치와 호랑이)

5. 국권의 피탈

1) 러·일 전쟁(1904 ~ 1905)

① 러·일 전쟁 발발

② 한일의정서(1904) : 군사적 요충지 확보

③ 제1차 한일협약(1904) : 고문정치(외교, 재정)

④ 열강의 일제 한반도 지배 승인

- 가쓰라·태프트 밀약(미국 : 일본)
- 제2차 영일동맹(영국 : 일본)
- 포츠머스 조약(러시아 : 일본)

2) 을사늑약(1905)

① 외교권 박탈 : 일본의 보호국으로 전락

② 통감부 설치 : 내정간섭, 이토 히로부미

③ 민족의 저항

- 항일논설 : 시일야방성대곡
- 자결순국 : 민영환
- 5적 암살단 : 나철, 오기호
- 을사의병 : 최익현, 신돌석
- 정부에서 헤이그 특사 파견

*헤이그 특사 파견 : 1907년 고종은 을사늑약의 무효를 전 세계에 호소하기 위해 네덜란드 헤이그 만국평화회의에 이준, 이상설, 이위종을 특사로 파견하였으나, 뜻을 이루지 못하였다. 이 사건의 책임을 물어 일본은 고종을 강제로 퇴위시켰다.

3) 국권의 강탈

① 고종의 강제 퇴위 : 헤이그 특사 사건 구실

② 한일 신협약(정미7조약 : 1907), 차관정치, 군대해산

③ 사법권, 경찰권 박탈

④ 국권 박탈(1910) : 총독부 설치

6. 민족의 수난기 : 일제의 식민통치

1) 1910년대(1910 ~ 1919)

① 통치 방식 : 무단통치

· 헌병 경찰 통치

· 무관 총독 임명

· 언론·출판·집회·결사의 자유 박탈

· 교원·공무원 대검 착검

② 경제 수탈

· 토지 수탈 : 토지 조사 사업

‐ 기한부 소작농으로 전락, 소작권 인정 안함

‐ 기한부 신고제로 전국토의 40%를 총독부 소유

· 회사령, 광업령, 어업령 : 산업과 자원 수탈

▲ 조선 총독부 건물　　　　　　　　▲ 태형 도구

2) 1920년대(1919 ~ 1930)

① 통치방식 : 문화통치

· 보통 경찰제

· 한글 신문 허용

· 문관 총독 임명 가능

· 교육 연한 확대 ⇒ 기만책, 분열책, 친일파 양성

② 경제적 수탈

· 식량 수탈 : 산미 증식 계획

· 증산량 < 수탈량 ⇒ 국내 식량난 심화

3) 1930년대 이후(1931 ~ 1945)

　① 통치 방식 : 민족 말살 통치

　　· 내선일체, 일선동조론

　　· 신사참배, 황국신민화

　　· 일본식 성명 강요

　　· 우리말, 우리역사 교육 금지

▲ 일제의 금속 공출

　② 경제적 수탈

　　· 병참 기지화 정책 : 군수 공업, 중화학 공업

　　· 국가총동원법

　　　– 물적수탈 : 곡물·쇠붙이 공출

　　　– 인적수탈 : 징용, 징병, 군 위안부

▲ 황국신민서사를 행하는 학생

7. 대한민국 정부 수립

　1) 8·15 광복과 좌·우 대립

　　① 1945년 8월 15일 일제의 항복으로 광복

　　② 38선을 경계로 미군과 소련군이 분할 통치

　　③ 모스크바 3국 외상 회의(1945.12) : 최고 5년간 신탁 통치 결정, 미·소 공동 위원회 조직 결정

　　　⇒ 반탁 – 민족주의, 자유주의, 반공, 반소, 즉각적 독립

　　　　찬탁 – 사회주의, 임시 정부 수립 우선

▲ 우익의 반탁 운동

▲ 좌익의 찬탁 운동

2) 대한민국 정부 수립(1948. 8. 15)

① 미소 공동 위원회 개최(1946년 1차, 1947년 2차)

· 결렬 : 임시 정부 참여 단체 문제로 미·소 대립

② 이승만의 정읍 발언(1946년) : 남한만의 단독 정부

③ 유엔의 한국 문제 상정(1947년) : 인구비례 총선거 결정

④ 북쪽의 거부로 유엔 소위원회에서 선거 가능 지역에서만 실시 결정

⑤ 남한만의 선거 반대 : 김구·김규식(남북협상), 제주도 4·3 사건

⑥ 1948년 5월 10일 : 최초의 제헌의회 선거

⑦ 1948년 8월 15일 : 대한민국 정부 수립

⑧ 제헌국회 법률 제정

· 친일 청산 : 반민족 행위 처벌법

– 반민족 행위 특별 조사 위원회 구성 → 이승만 정부의 방해로 친일파 처벌 실패

· 농지 개혁법(1949년 제정, 1950년 실시)

– 3정보 기준 유상매입, 유상분배 ⇒ 농민이 토지 소유권 보유

▲ 남북협상을 위해 38선을 넘는 김구 일행

▲ 1948년 5·10 총선거

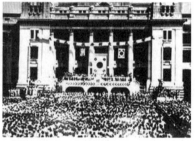
▲ 1948년 대한민국 정부 수립

8. 대한민국의 발전

1) 민주주의의 시련과 발전

① 이승만 정부(1948 ~ 1960)

· 발췌개헌, 사사오입 개헌 → 독재 체제 강화, 3·15 부정 선거

② 4·19 혁명(1960. 4. 19)

· 이승만의 장기 집권, 자유당의 독재·부정부패

· 3·15 부정선거 항거 → 민주주의의 실현

③ 장면 내각(1960 ~ 1961)
- 내각 책임제, 권력의 약화로 사회 혼란 지속

④ 5·16 군사정변(1961)
- 사회 혼란 해소, 경제 안정 추구, 국가 재건 최고 회의

⑤ 박정희 정부(1963 ~ 1972) : 제3공화국
- 경제 개발 5개년 계획
- 1964년 6·3사건 : 굴욕적 한·일 정상화 반대 시위
- 1965년 : 한·일 협정, 베트남 파병
- 1969년 3선 개헌 : 장기 집권 의도

⑥ 유신체제(1972 ~ 1979)
- 유신헌법 : 국민의 기본권 제한, 대통령에 모든 권력 집중, 국회의원 1/3 대통령이 선출, 모든 법관을 대통령이 임명
- 통일주체 국민회의 : 대통령 선출 기구

⑦ 5·18 민주화 운동(1980)
- 신군부(전두환) 세력에 대항한 민주화 운동

⑧ 전두환 정부(1981 ~ 1987)

⑨ 1987년 6월 민주 항쟁
- 박종철 고문치사 사건, 4·13 호헌 조치, 대통령 직선제 개헌에 대한 국민 요구 → 6·29 선언, 대통령 직선제 개헌

▲ 6월 민주항쟁(이한열 학생)

▲ 6월 민주항쟁(명동성당)

⑩ 노태우 정부(1988 ~ 1992)

· 88 서울 올림픽 개최

· 북방 외교(사회주의 국가와 수교)

· 유엔에 북한과 동시 가입

⑪ 김영삼 정부(1993 ~ 1997) : 금융 실명제, 역사 바로 세우기, IMF 체제

⑫ 김대중 정부(1998 ~ 2002) : 남북 정상회담, IMF 극복

2) 경제 발전

① 이승만 정부 : 농지개혁법, 귀속재산 불하, 삼백산업 발달

② 박정희 정부

· 경제 개발 5개년 계획, 새마을 운동, 수출 위주 · 성장 중심, 전태일 분신사건

· 부정적 영향 : 저임금 · 저곡가 정책, 노동자 · 농민 삶 열악, 기본권 탄압

③ 전두환 정부 : 3저 호황, 무역 수지 흑자

④ 김영삼 정부 : 금융 실명제, OECD 가입, 외환위기

⑤ 김대중 정부 : 노사정 위원회, 신자유주의 경제체제

도 덕

1 현대의 삶과 실천 윤리

① 현대 생활과 실천 윤리

1. 윤리학의 분류

규범 윤리학	'사람이 어떻게 행동해야 할 것인가?'에 관한 보편적인 원리를 연구함
기술 윤리학	도덕 현상을 기술하고 설명하고자 함
메타 윤리학	도덕적 언어의 논리적 타당성과 의미를 분석함

2. 규범 윤리학의 종류

이론 윤리학	실천 윤리학
· 도덕 원리나 도덕적 정당화의 이론적 근거를 제시함 · 의무론, 공리주의, 덕 윤리 등	· 삶의 구체적인 상황에서 발생하는 문제에 대한 해결책을 모색함 · 생명 윤리, 정보 윤리, 환경 윤리 등

② 현대 윤리 문제에 대한 접근 방식

1. 동양 윤리의 접근

  1) 유교 윤리적 접근

    ① 인간의 도덕적 완성을 궁극적 목표로 삼음 : 군자

    ② 공동체와 인간관계를 중시함 : 수기안인, 충서(忠恕), 오륜 등

    ③ 현실 참여를 강조함 : 덕치(德治), 대동 사회(大同社會)

  2) 불교 윤리적 접근

    ① 연기(緣起) : 모든 것은 원인과 조건에 의해 서로 관련되어 생겨남

    ② 평등적 세계관 : 살아있는 모든 존재는 불성을 지닌 존재로서 평등함

    ③ 주체적 인간관 : 누구나 스스로의 수행을 통해 진리를 깨달을 수 있음 → 보살

3) 도가 윤리적 접근

① 도(道) : 우주의 근원이자 만물의 변화 법칙

② 무위자연(無爲自然) 강조 : 인위적으로 강제하지 않고 자연스러움을 따르는 삶 강조

③ 평등적 세계관 : 좌망(坐忘)과 심재(心齋)를 통해 제물(濟物)에 이를 수 있음

2. 서양 윤리의 접근

1) 의무론적 접근

① 보편타당한 도덕적 의무의 존재 인정

② 칸트

· 행위의 동기 중시

· 이성적이고 자율적인 인간은 보편적인 도덕 법칙을 의식할 수 있음

2) 공리주의적 접근

① 행위의 결과에 초점

② 유용성(공리)의 원리에 따라 윤리적 규칙 도출

3) 덕 윤리적 접근

① 행위자의 성품, 바람직한 인간관계의 맥락에 관심을 둠

② 유덕한 품성을 갖추기 위해 선한 행위를 습관화함

2 생명과 윤리

① 삶과 죽음의 윤리

1. 동양의 죽음관

1) 공자 : 내세보다 현실의 도덕적 삶에 더욱 충실할 것을 강조

2) 석가모니 : 죽음은 또 다른 세계로 윤회하는 것이며, 현세에서의 선행과 악행이 죽음 이후의 삶을 결정함

3) 장자 : 기(氣)가 모이고 흩어지는 것을 삶과 죽음으로 봄으로써 삶과 죽음을 자연 현상과 다를 바 없다고 주장

2. 서양의 죽음관

    1) **플라톤** : 죽음은 육체에 갇혀 있던 영혼이 이데아의 세계로 되돌아 가는 것

    2) **에피쿠로스** : 인간은 죽음을 경험할 수 없으므로 죽음을 두려워할 필요가 없음

    3) **하이데거** : 죽음에 대한 자각을 통해 진정한 삶을 살 수 있음

② 사랑과 성 윤리

1. 사랑과 성의 관계

    1) **보수주의** : 결혼을 통해 이루어지는 성적 관계만이 정당함

    2) **중도주의** : 사랑이 있는 성은 옳고 사랑이 없는 성은 그름

    3) **자유주의** : 자발적 동의에 따른 성적 자유를 허용해야 함

2. 결혼과 가족의 윤리

    1) **부부 윤리** : 부부는 남녀 간의 역할을 구분하면서 서로 존중해야 함 → 부부유별(夫婦有別), 부부상경(夫婦相敬)

    2) **가족 윤리** : 부자유친(父子有親), 부자자효(父慈子孝), 형우제공(兄友弟恭) 등

3 사회와 윤리

① 직업과 청렴 윤리

1. 동양의 직업관

    1) **공자** : 자신의 직분에 충실하는 정명(正名)의 자세

    2) **맹자** : 도덕적 삶(恒心)을 지속하기 위해 경제적 안정(恒産)이 필요

    3) **장인정신** : 자기 일에 긍지를 가지고 전념하거나 한 가지 기술에 정통하려고 노력하는 것

2. 서양의 직업관

1) **플라톤** : 각 계층에 속한 사람들이 고유한 덕(德)을 발휘하여 자신의 직분에 충실하면 정의로운 국가를 이룩하게 됨

2) **칼뱅** : 직업은 신의 소명(召命)이며, 신의 명령에 따라 직업에 충실해야 함

② **사회 정의와 윤리**

1. 사회 정의의 분류

1) **분배적 정의** : 사회적 재화의 이익과 부담에 대한 공정한 분배

2) **교정적 정의** : 위법과 불공정에 대한 공정한 처벌과 배상

3) **절차적 정의** : 합당한 몫을 결정하는 공정한 절차

2. 롤스의 정의론

제1원칙	평등한 자유의 원칙	모든 사람은 평등한 기본적 자유를 최대한 누려야 함
제2원칙	차등의 원칙	사회적 · 경제적 불평등은 최소 수혜자에게 최대 이익이 되도록 편성될 때 정당화됨
	기회 균등의 원칙	사회적 · 경제적 불평등의 계기가 되는 직위와 직책은 모든 사람들에게 열려 있어야 함

4 과학과 윤리

① **과학 기술과 윤리**

1. 과학 기술의 성과와 윤리적 문제

1) 과학 기술의 성과

① 물질적 풍요와 안락한 삶

② 시·공간적 제약 극복

③ 건강 증진과 생명 연장

2) 과학 기술의 윤리적 문제

　① 환경 문제 발생

　② 비인간화 현상

　③ 사생활 침해

　④ 생명의 존엄성 훼손

2. 과학 기술의 가치 중립성 논쟁

과학 기술의 가치 중립성 인정	과학 기술의 가치 중립성 부정
· 과학 기술은 그 자체로서 좋은 것도 나쁜 것도 아님 · 과학 기술은 가치와 무관한 사실의 영역에 속하기 때문에 윤리적 규제나 평가의 대상이 아님	· 과학 기술도 가치 판단에서 자유로울 수 없음 · 과학 기술은 가치가 개입되므로 윤리적 검토와 통제가 필요함

2️⃣ **정보 사회와 윤리**

1. 정보 기술의 발달과 정보 윤리

　1) 정보 사회의 긍정적인 면

　　① 삶의 편리성 향상

　　② 시공간의 제약에서 벗어남

　　③ 수평적이고 다원적 사회로 변화

　　④ 정치적 의사 결정 참여 기회 증가

　2) 정보 사회의 부정적인 면

　　① 지적 재산권 침해 문제

　　② 사생활 침해

　　③ 사이버 폭력 : 사이버 따돌림, 사이버 명예 훼손 등

2. 정보 사유론과 정보 공유론

정보 사유론	정보 공유론
·정보는 개인의 재산으로 인정하고 보호해야 함 ·창작자의 경제적 이익을 보장 → 창작 의욕을 높여줌	·정보는 인류 공동의 자산으로 모두가 공유해야 함 ·지적 재산권에 대한 과도한 금액을 요구 → 창작 활동의 제약을 줌

5 문화와 윤리

① 예술과 윤리의 관계

1. 예술의 의미와 기능

  1) **예술** : 아름다움을 표현하고 창조하는 인간의 모든 활동과 산물

  2) **예술의 기능** : 인간의 정서와 감정 순화, 심리적 안정과 즐거움 제공, 사회 모순 비판 등

2. 예술과 윤리의 관계에 대한 관점

  1) 예술 지상주의

    ① 예술의 목적 : 예술 그 자체나 예술적 아름다움을 추구함

    ② 특징 : 예술의 자율성 강조, 예술에 대한 윤리적 규제 반대함

  2) 도덕주의

    ① 예술의 목적 : 올바른 품성을 기르고 도덕적 교훈이나 모범을 제공해야 함

    ② 특징 : 예술의 사회성 강조, 예술에 대한 적절한 규제가 필요함

② 다문화 사회의 윤리

1. 다문화 사회의 특징

  1) **다문화 사회의 의미** : 한 국가 안에 다양한 인종과 문화적 배경을 지닌 사람들이 공존하는 사회

  2) **다문화 사회의 특징**

  ① 긍정적인 측면 : 사회 구성원의 문화 선택의 폭이 넓어지고 문화가 발전할 수 있는 기회가
    확대되며, 다양성과 다원성, 차이를 강조함

  ② 부정적인 측면 : 다양한 문화적 요소의 충돌로 갈등이 발생함

2. 다문화를 바라보는 관점

  1) **차별적 배제 모형** : 이주민을 특정 목적으로만 받아들이고, 내국인과 동등한 권리를 인정하지
    않음

  2) **동화 모형** : 이주민이 출신국의 언어 · 문화적 특성을 포기하고 주류 사회의 일원이 되게 함

  3) **다문화 모형** : 이주민의 고유한 문화와 자율성을 존중하여 문화 다양성의 실현을 강조함

6 평화와 공존의 윤리

① 갈등 해결과 소통의 윤리

1. 갈등의 의미와 기능

  1) 갈등 : 개인이나 집단 사이에 목표나 이해관계가 달라 충돌하는 현상

  2) 갈등의 원인 : 가치관의 차이, 이해관계의 대립, 원활한 소통의 부재

  3) 갈등의 기능

  ① 순기능 : 갈등을 예방, 조정하면서 사회 내적 문제를 명확히 인식하면 사회 발전을 가져 올
    수 있음

  ② 역기능 : 이해관계와 가치관을 고집하여 갈등이 깊어지면 사회가 해체될 수 있음

2. 소통과 담론의 윤리

　　1) **공자의 화이부동(和而不同)** : 자신의 도덕 원칙을 지키면서 주변과 조화를 추구함

　　2) **원효의 화쟁(和諍)** : 여러 교설은 모두 부처의 가르침에서 비롯된 것이며, 그것은 모두 깨달음을 지향하는 한마음임

　　3) **하버마스의 담론 윤리** : 서로 이해하여 합의를 이루어 나가는 과정을 중시함

② **지구촌 평화의 윤리**

1. 국제 관계를 바라보는 관점

　　1) **현실주의** : 자국의 이익 추구 → 각 국가 간의 힘의 균형

　　2) **이상주의** : 상대에 대한 무지나 오해 → 이성적 대화, 국제여론, 국제법

2. 국제 정의

　　1) **형사적 정의** : 범죄에 대한 정당한 처벌을 통해 실현되는 정의 → 반 인도주의적 범죄 처벌

　　2) **분배적 정의** : 재화의 공정한 분배를 통해 실현되는 정의 → 인간다운 삶을 누리게 함

3. 부유한 나라의 약소국에 대한 원조 의무

윤리적 의무	자율적 선택 관점
약소국 사람들이 빈곤의 고통에서 벗어나 인간답고 행복한 삶을 누리도록 돕는 것이 윤리적 의무임	약소국에 대한 원조는 자율적으로 선택해야 할 문제임

정답

기초굳히기

수 학

1. (1) $+1$, $+2$, $+5$, 6   (2) -4, -5, -7
   (3) 0   (4) $\dfrac{2}{3}$, $+0.3$

2. (1) 10, 2, 4   (2) -3, -2, -1
   (3) 0   (4) $+2.1$, $-\dfrac{1}{2}$, 0.1

3. (1) 8   (2) 11
   (3) 14   (4) 14
   (5) 10

4. (1) -5 (2) -12
   (3) -13 (4) -14
   (5) -12

5. (1) 7   (2) -11
   (3) 8   (4) -3
   (5) -8 (6) 3
   (7) 10   (8) -4
   (9) 0   (10) 0

6. (1) 7   (2) 2
   (3) -3 (4) -4

7. (1) -3 (2) 5
   (3) -2 (4) -6
   (5) -10 (6) -11

8. (1) 8   (2) 12
   (3) 13   (4) 3
   (5) -5 (6) -4

9. (1) 21   (2) 10
   (3) 12   (4) 0

10. (1) 10   (2) 24
   (3) 12   (4) 0

11. (1) -30 (2) -27
   (3) -35 (4) 0

12. (1) -36 (2) -56
   (3) -10 (4) 0

13. (1) 24   (2) 15
   (3) 120   (4) -14
   (5) -30 (6) -60
   (7) 0

14. (1) 4   (2) 3
   (3) 6   (4) 5

15. (1) 4   (2) 6
   (3) 3   (4) 2

16. (1) -6 (2) -7
   (3) -5 (4) -3

17. (1) -8 (2) -3
   (3) -4 (4) -9

18.

수	계산결과	수	계산결과
0^2	0	$(-0)^2$	0
1^2	1	$(-1)^2$	1
2^2	4	$(-2)^2$	4
3^2	9	$(-3)^2$	9
4^2	16	$(-4)^2$	16
5^2	25	$(-5)^2$	25
6^2	36	$(-6)^2$	36
7^2	49	$(-7)^2$	49
8^2	64	$(-8)^2$	64
9^2	81	$(-9)^2$	81
10^2	100	$(-10)^2$	100
11^2	121	$(-11)^2$	121
12^2	144	$(-12)^2$	144
13^2	169	$(-13)^2$	169

19.

수	계산결과	수	계산결과
2^1	2	-2^1	-2
2^2	4	-2^2	-4
2^3	8	-2^3	-8
2^4	16	-2^4	-16
2^5	32	-2^5	-32
$(-2)^1$	-2	$-(-2)^1$	2
$(-2)^2$	4	$-(-2)^2$	-4
$(-2)^3$	-8	$-(-2)^3$	8
$(-2)^4$	16	$-(-2)^4$	-16
$(-2)^5$	-32	$-(-2)^5$	32

20. (1) 4 (2) 2
(3) -12 (4) -50
(5) 18 (6) -3
(7) 2

21. (1) ± 3 (2) ± 5
(3) ± 7 (4) ± 2

22. 9, 9, ± 3

23. (1) ± 4 (2) ± 6
(3) ± 1 (4) ± 13

24. 10, 10, $\pm\sqrt{10}$

25. (1) $\pm\sqrt{11}$ (2) $\pm\sqrt{6}$
(3) $\pm\sqrt{5}$ (4) $\pm\sqrt{2}$

26. (1) 2 (2) 3
(3) 5 (4) 6

27. (1) 5 (2) 4
(3) -7 (4) 6

28. (1) $\sqrt{10}$ (2) $\sqrt{21}$
(3) $\sqrt{30}$ (4) 4

29. (1) $\sqrt{3}$ (2) $\sqrt{5}$
(3) $\sqrt{6}$ (4) 2

30. (1) $2\sqrt{2}$ (2) $2\sqrt{3}$
(3) $2\sqrt{5}$ (4) $2\sqrt{6}$
(5) $3\sqrt{2}$ (6) $3\sqrt{3}$
(7) $3\sqrt{5}$ (8) $3\sqrt{7}$

31. (1) $\sqrt{12}$ (2) $\sqrt{20}$
(3) $\sqrt{28}$ (4) $\sqrt{18}$
(5) $\sqrt{45}$

32. (1) $\dfrac{\sqrt{6}}{6}$ (2) $\dfrac{3\sqrt{5}}{5}$
(3) $\dfrac{2\sqrt{3}}{3}$ (4) $\sqrt{5}$

33. (1) $\dfrac{\sqrt{6}}{3}$ (2) $\dfrac{\sqrt{15}}{5}$
(3) $\dfrac{\sqrt{14}}{2}$ (4) $\sqrt{15}$

34. (1) $7\sqrt{3}$ (2) $6\sqrt{5}$
(3) $-5\sqrt{6}$ (4) $4\sqrt{2}$
(5) $-12\sqrt{2}$ (6) $\sqrt{3}$

35. (1) $5\sqrt{2}$ (2) $6\sqrt{3}$
(3) $-8\sqrt{5}$ (4) $\sqrt{2}$

36. (1) $-5x$ (2) $2y$
(3) $-3ab$ (4) x^2
(5) $-a^2b^2$

37. (1) $2x+2y$ (2) $-3x+4y$
(3) $2x^2+1$ (4) $2x^2-2y$
(5) $-x+y$

38. (1) 6 (2) 6
(3) 9 (4) 18
(5) 16

39. (1) -6 (2) 0
    (3) 9 (4) 18
    (5) 4

40. (1) 13 (2) -1
    (3) 5 (4) -10

41. (1) 10 (2) 11
    (3) -10 (4) -5
    (5) 9 (6) -11
    (7) -1 (8) 4
    (9) -6

42. (1) 8 (2) 26
    (3) 11 (4) 3
    (5) 17 (6) 5

43. (1) 18 (2) 6
    (3) 11 (4) 35
    (5) 2 (6) 24

44. (1) 4 (2) 5
    (3) 4 (4) x에 관한 3차 다항식

45. (1) $6x$ (2) $13a$
    (3) $7x$ (4) $-6x^2$
    (5) $5x$ (6) $4y$
    (7) $-8x^2$ (8) $4x^3$
    (9) 0 (10) 0

46. (1) $3x$ (2) $-10a$
    (3) $7y + 2$ (4) $-5a + 5$
    (5) $6x + 5$ (6) $8x - 6y$
    (7) $-12a - 4b$ (8) $3x^2 + 7x$
    (9) $3y + 1$ (10) $5x^2 + 3$

47. (1) $5x - 3$ (2) $-5x + 2$
    (3) $3x - 3$ (4) $-5x + 5$
    (5) $6a$ (6) $-9y + 2$

48. (1) $3x + 6$ (2) $8x + 5$
    (3) $10x - 5$ (4) $-3x + 1$
    (5) $-2a + 6$ (6) $-4y + 4$

49. (1) $3x + 2$ (2) $-4x$
    (3) $9x - 11$ (4) $11x - 29$
    (5) $6x + 4$ (6) $4x + 17$
    (7) $8x + 2$ (8) $-13x + 17$
    (9) $-14x + 15$ (10) $-17x + 20$

50. (1) $x^2 + 5x$ (2) $x^2 - 3x$
    (3) $2x^2 + 4x$ (4) $-6x^2 + 5x$
    (5) $6x^2 - 4x$ (6) $8x^2 - 12x$

51. (1) $x^2 + 7x + 10$ (2) $x^2 + 7x + 12$
    (3) $x^2 + 2x - 24$ (4) $x^2 - 3x - 10$
    (5) $x^2 - 5x + 6$ (6) $x^2 - 14x + 45$

52. (1) $6x^2 + 16x + 10$ (2) $2x^2 + 6x + 4$
    (3) $3x^2 - 7x - 20$ (4) $8x^2 - 2x - 10$
    (5) $4x^2 - 10x + 6$ (6) $12x^2 - 51x + 45$

53. (1) $x^2 + 2x + 1$ (2) $x^2 + 4x + 4$
    (3) $x^2 + 6x + 9$ (4) $x^2 + 8x + 16$
    (5) $x^2 + 10x + 25$ (6) $x^2 - 12x + 36$
    (7) $x^2 - 14x + 49$ (8) $x^2 - 16x + 64$
    (9) $x^2 - 18x + 81$ (10) $x^2 - 20x + 100$

54. (1) $x^2 - 1$ (2) $x^2 - 4$
    (3) $x^2 - 9$ (4) $x^2 - 16$
    (5) $x^2 - 25$ (6) $x^2 - 36$
    (7) $x^2 - 49$ (8) $4x^2 - 9$
    (9) $9x^2 - 16$ (10) $16x^2 - 1$

55. (1) $x(x + 2)$ (2) $x(x + 3)$
    (3) $x(x + 1)$ (4) $x(x - 4)$
    (5) $x(x - 5)$ (6) $x(x - 1)$

56. (1) $(x - 1)(x + 1)$
    (2) $(x - 2)(x + 2)$
    (3) $(x - 3)(x + 3)$
    (4) $(x - 4)(x + 4)$

(5) $(3x - 2)(3x + 2)$

(6) $(5x - 1)(5x + 1)$

57. (1) $(x + 2)(x + 3)$

(2) $(x + 2)(x + 6)$

(3) $(x + 4)(x + 5)$

(4) $(x + 2)(x + 5)$

(5) $(x - 3)(x - 7)$

(6) $(x - 3)(x - 4)$

(7) $(x - 2)(x - 4)$

(8) $(x - 3)(x - 6)$

58. (1) $(x - 2)(x + 7)$

(2) $(x + 5)(x - 2)$

(3) $(x - 3)(x + 5)$

(4) $(x + 8)(x - 1)$

(5) $(x + 2)(x - 7)$

(6) $(x - 6)(x + 2)$

(7) $(x - 7)(x + 1)$

(8) $(x - 3)(x + 2)$

59. (1) $(x + 1)^2$ (2) $(x + 3)^2$

(3) $(x + 5)^2$ (4) $(x - 2)^2$

(5) $(x - 6)^2$ (6) $(x - 10)^2$

(7) $(x + 4)^2$ (8) $(x - 7)^2$

60. (1) 9   (2) 25

(3) 4   (4) 1

61. (1) $x = 5$ (2) $x = 7$

(3) $x = 9$ (4) $x = 4$

(5) $x = -4$ (6) $x = -6$

(7) $x = 3$ (8) $x = 2$

62. (1) $x = 3$ (2) $x = 4$

(3) $x = 5$ (4) $x = 1$

(5) $x = -4$ (6) $x = -5$

(7) $x = 3$ (8) $x = 7$

(9) $x = -5$ (10) $x = -8$

63. (1) $x = 4$ (2) $x = 5$

(3) $x = 3$ (4) $x = 5$

(5) $x = 1$ (6) $x = -2$

(7) $x = -5$ (8) $x = -4$

64. (1) x는 1보다 크다.

(2) x는 2보다 크거나 같다.

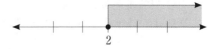

(3) x는 3보다 작다.

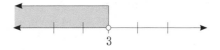

(4) x는 4보다 작거나 같다.

65. (1) $x \leq 3$ (2) $x < 2$

(3) $x > 3$ (4) $x \geq 2$

(5) $x \leq 2$ 또는 $x \geq 4$

(6) $2 \leq x \leq 5$

66. (1) $x > 3$ (2) $x < 2$

(3) $x \geq 4$ (4) $x \leq 2$

(5) $x > 4$ (6) $x < -1$

(7) $x \geq -3$ (8) $x \leq -1$

영 어

A.
   1. 나는 학생이다.
   2. 그녀는 매우 빨리 달린다.
   3. 내 친구는 나에게 그녀의 비밀을 말한다.
   4. 나는 내 아들에게 비싼 신발을 사주지 않는다.
   5. 등산은 나를 피곤하게 한다.
   6. 팀은 가끔 나에게 돈을 빌린다.
   7. 나의 부모님은 나에게 매주 10달러를 주신다.

B.
   1. beautiful   2. well
   3. great   4. to help
   5. rude

C.
   1. My mom makes me cookies.
   2. I eat breakfast.
   3. She is a student.
   4. Chris is tall.

기초굳히기

인쇄일		2023년 3월 23일
발행일		2023년 3월 30일
펴낸곳		(주)이타임라이프
지은이		편집부
주소		서울시 영등포구 경인로77가길 16 부곡빌딩 401호(문래동2가)
등록번호		2022.12.22 제 2022-000150호
ISBN		979-11-982268-0-8 13370

검정고시 전문서적

기초다지기 / 기초굳히기

"기초다지기, 기초굳히기 한권으로 시작하는 검정고시 첫걸음"

· 기초부터 차근차근 시작할 수 있는 교재
· 기초가 없어 시작을 망설이는 수험생을 위한 교재

기본서

**"단기간에 합격! 효율적인 학습!
적중률 100%에 도전!"**

· 철저하고 꼼꼼한 교육과정 분석에서 나온 탄탄한 구성
· 한눈에 쏙쏙 들어오는 내용정리
· 최고의 강사진으로 구성된 동영상 강의

만점 전략서

"검정고시 합격은 기본! 고득점과 대학진학은 필수!"

· 검정고시 고득점을 위한 유형별 요약부터
  문제풀이까지 한번에
· 기본 다지기부터 단원 확인까지 실력점검

핵심 총정리

"시험 전 총정리가 필요한 이 시점! 모든 내용이 한눈에"

· 단 한권에 담아낸 완벽학습 솔루션
· 출제경향을 반영한 핵심요약정리

합격길라잡이

"개념 4주 다이어트, 교재도 다이어트한다!"

· 요점만 정리되어 있는 교재로 단기간 시험범위 완전정복!
· 합격길라잡이 한권이면 합격은 기본!

기출문제집

"시험장에 있는 이 기분! 기출문제로 시험문제 유형 파악하기"

· 기출을 보면 답이 보인다
· 차원이 다른 상세한 기출문제풀이 해설

예상문제

"오랜기간 노하우로 만들어낸 신들린 입시고수들의 예상문제"

· 출제 경향과 빈도를 분석한 예상문제와 정확한 해설
· 시험에 나올 문제만 예상해서 풀이한다

한양 시그니처 관리형 시스템

관리형 입시학원의 탄생

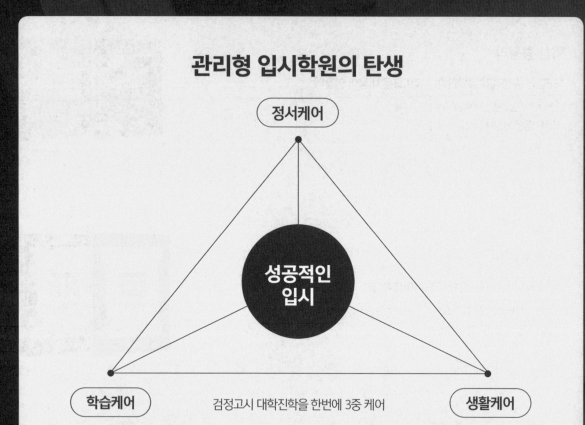

정서케어

성공적인
입시

학습케어　　　　검정고시 대학진학을 한번에 3중 케어　　　　생활케어

⚐ 정서케어

· 3대1 멘토링
 (입시담임, 학습담임, 상담교사)
· MBTI (성격유형검사)
· 심리안정 프로그램
 (아이스브레이크, 마인드 코칭)
· 대학탐방을 통한 동기부여

🖷 학습케어

· 1:1 입시상담
· 수준별 수업제공
· 전략과목 및 취약과목 분석
· 성적 분석 리포트 제공
· 학습플래너 관리
· 정기 모의고사 진행
· 기출문제 & 해설강의

⌂ 생활케어

· 출결점검 및 조퇴, 결석 체크
· 자습공간 제공
· 쉬는 시간 및 자습실
 분위기 관리
· 학원 생활 관련 불편사항
 해소 및 학습 관련 고민 상담

HANYANG
A C A D E M Y

한양 프로그램 한눈에 보기

· 검정고시반 중·고졸 검정고시 수업으로 한번에 합격!

기초개념	기본이론	핵심정리	핵심요약	파이널
개념 익히기	과목별 기본서로 기본 다지기	핵심 총정리로 출제 유형 분석 경향 파악	요약정리 중요내용 체크	실전 모의고사 예상문제 기출문제 완성

· 고득점관리반 검정고시 합격은 기본 고득점은 필수!

기초개념	기본이론	심화이론	핵심정리	핵심요약	파이널
전범위 개념익히기	과목별 기본서로 기본 다지기	만점 전략서로 만점대비	핵심 총정리로 출제 유형 분석 경향 파악	요약정리 중요내용 체크 오류범위 보완	실전 모의고사 예상문제 기출문제 완성

· 대학진학반 고졸과 대학입시를 한번에!

기초학습	기본학습	심화학습/검정고시 대비	핵심요약	문제풀이, 총정리
기초학습과정 습득 학생별 인강 부교재 설정	진단평가 및 개별학습 피드백 수업방향 및 난이도 조절 상담	모의평가 결과 진단 및 상담 4월 검정고시 대비 집중수업	자기주도 과정 및 부교재 재설정 4월 검정고시 성적에 따른 재시험 및 수시컨설팅 준비	전형별 입시진행 연계교재 완성도 평가

· 수능집중반 정시준비도 전략적으로 준비한다!

기초학습	기본학습	심화학습	핵심요약	문제풀이, 총정리
기초학습과정 습득 학생별 인강 부교재 설정	진단평가 및 개별학습 피드백 수업방향 및 난이도 조절 상담	모의고사 결과진단 및 상담 / EBS 연계 교재 설정 / 학생별 학습성취 사항 평가	자기주도 과정 및 부교재 재설정 학생별 개별지도 방향 점검	전형별 입시진행 연계교재 완성도 평가

HANYANG
ACADEMY

D-DAY를 위한 신의 한수

검정고시생 대학진학 입시 전문

검정고시 합격은 기본!
대학진학은 필수!

입시 전문가의 컨설팅으로 성적을 뛰어넘는 결과를 만나보세요!

HANYANG ACADEMY

YouTube

모든 수험생이 꿈꾸는
더 완벽한 입시 준비!

입시전략 컨설팅　　수시전략 컨설팅　　자기소개서 컨설팅

면접 컨설팅　　　논술 컨설팅　　　정시전략 컨설팅

입시전략 컨설팅

학생 현재 상태를 파악하고 희망 대학
합격 가능성을 진단해 목표를 달성
할 수 있도록 3중 케어

수시전략 컨설팅

학생 성적에 꼭 맞는 대학 선정으로
합격률 상승! 검정고시 (혹은 모의고사)
성적에 따른 전략적인 지원으로 현실성
있는 최상의 결과 보장

자기소개서 컨설팅

지원동기부터 학과 적합성까지 한번에!
학생만의 스토리를 녹여 강점은
극대화 하고 단점은 보완하는
밀착 첨삭 자기소개서

면접 컨설팅

기초인성면접부터 대학별 기출예상질문
대비와 모의촬영으로 실전면접
완벽하게 대비

대학별 고사 (논술)

최근 5개년 기출문제 분석 및 빈출 주제를
정리하여 인문 논술의 트렌드를 강의!
지문의 정확한 이해와 글의 요약부터
밀착형 첨삭까지 한번에!

정시전략 컨설팅

빅데이터와 전문 컨설턴트의 노하우 /
실제 합격 사례 기반 전문 컨설팅

MK 감자유학

Valuable education content provider

We're Experts

우리는 최상의 유학 컨텐츠를 지속적으로 제공하기 위해 정기 상담자 워크샵, 해외 워크샵, 해외 학교 탐방, 웨비나 미팅, 유학 세미나를 진행합니다.

이를 통해 국가별 가장 빠른 유학트렌드 업데이트, 서로의 전문성을 발전시키며 다양한 고객의 니즈에 가장 적합한 유학솔루션을 제공하기 위해 최선을 다합니다.

KEY STATISTICS

30년+
전통교육그룹

17개
국내최다센터

15년
평균상담경력

24개국
해외네트워크

2,600+
해외교육기관

Educational	The Largest	Specialist	Global Network	Oversea Instituitions
감자유학은 교육전문그룹인 매경아이씨에서 만든 유학부문 브랜드입니다. 국내 교육 컨텐츠 개발 노하우를 통해 최상의 해외 교육 기회를 제공합니다.	감자유학은 전국 어디에서도 최상의 해외유학 상담을 제공할 수 있도록 국내 유학 업계 최다 상담 센터를 운영하고 있습니다.	전 상담자는 평균 15년이상의 풍부한 유학 컨설팅 노하우를 가진 전문가 입니다. 이를 기반으로 감자유학만의 차별화된 유학 컨설팅 서비스를 제공합니다.	미국, 캐나다, 영국, 아일랜드, 호주, 뉴질랜드, 필리핀, 말레이시아 등 감자유학 해외 네트워크를 통해 발빠른 현지 정보 업데이트와 안정적인 현지 정착 서비스를 제공합니다.	고객에게 최상의 유학 솔루션을 제공하기 위해서는 다양하고 세분화된 해외 교육기관의 프로그램이 필수 입니다. 2천개가 넘는 교육기관을 통해 맞춤 유학 서비스를 제공합니다.

2020
대한민국 교육 산업
유학 부문 대상

2012 / 2015
대한민국 대표
우수기업 1위

2014 / 2015
대한민국 서비스
만족대상 1위

OUR SERVICES

현지 관리
안심시스템

엄선된
어학연수교

전세계 1%대학
입학 프로그램

전문가
1:1 컨설팅

All In One
수속 관리

해외
어학연수

English Language Study

해외
인턴십

Internship

해외
대학유학

University Level Study

해외
초중고유학

Early Study abroad

해외
영어캠프

English Camp

24개국 네트워크 미국 | 캐나다 | 영국 | 아일랜드 | 호주 | 뉴질랜드 | 몰타 | 싱가포르 | 필리핀

국내 유학업계 중 최다 센터 운영!

감자유학 전국센터

강남센터	강남역센터	분당서현센터	일산센터	인천송도센터
수원센터	청주센터	대전센터	전주센터	광주센터
대구센터	울산센터	부산서면센터	부산대연센터	
예약상담센터	서울충무로	서울신도림	대구동성로	

문의전화 **1588-7923**

왕초보 영어탈출 **구구단 잉글리쉬**

ABC 알파벳부터 회화까지~~ 구구단보다 쉬운영어~ ♪♬

01 | **구구단잉글리쉬는 왕기초 영어 전문 동영상 사이트 입니다.**
알파벳 부터 소리값 발음의 규칙 부터 시작하는 왕초보 탈출 프로그램입니다.

02 | **지금까지 영어 정복에 실패하신 모든 분들께 드리는 새로운 영어학습법!**
오랜기간 영어공부를 했었지만 영어로 대화 한마디 못하는 현실에 답답함을 느끼는 분들을
위한 획기적인 영어 학습법입니다.

03 | **언제, 어디서나 마음껏 공부할 수 있는 환경을 제공해 드립니다.**
인터넷이 연결된 장소라면 시간 상관없이 24시간 무한반복 수강!
태블릿 PC와 스마트폰으로 필기구 없이도 자유로운 수강이 가능합니다.

체계적인 단계별 학습

파닉스	어순	뉘앙스	회화
· 알파벳과 발음 · 품사별 기초단어	· 어순감각 익히기 · 문법개념 총정리	· 표현별 뉘앙스 · 핵심동사와 전치사로 표현력 향상	· 일상회화&여행회화 · 생생 영어 표현

파닉스		어순		어법
1단 발음트기	2단 단어트기	3단 어순트기	4단 문장트기	5단 문법트기
알파벳 철자와 소릿값을 익히는 발음트기	666개 기초 단어를 품사별로 익히는 단어트기	영어의 기본어순을 이해하는 어순트기	문장확장 원리를 이해하여 긴 문장을 활용하여 문장트기	회화에 필요한 핵심문법 개념정리! 문법트기

뉘앙스		회화	
6단 느낌트기	7단 표현트기	8단 대화트기	9단 수다트기
표현별 어감차이와 사용법을 익히는 느낌트기	핵심동사와 전치사 활용으로 쉽고 풍부하게 표현트기	일상회화 및 여행회화로 대화트기	감 잡을 수 없었던 네이티브들의 생생표현으로 수다트기

왕초보 영어탈출
구구단 잉글리쉬